MW01674932

Die Soetste Verleiding

Reis na die middelpunt van heerlike koeke

Chris Muller

Inhoud

Perske koek

Bak 'n 9"/23 cm-koek

100 g/4 ons/½ koppie botter of margarien, saggemaak

225 g/8 oz/1 koppie gepoeierde suiker (superfyn).

3 eiers, geskei

450 g/1 lb/4 koppies gewone meel (alles)

'n Knippie sout

5ml/1 tl koeksoda (gispoeier)

120 ml/½ koppie melk

2/3 koppie/8 onse/225 g perskekonfyt (ingemaakte)

Meng botter of margarien en suiker. Voeg die eiergele geleidelik by en voeg dan die meel en sout by. Meng die koeksoda met die melk, meng dit dan by die koekmengsel, gevolg deur die konfyt. Klits die hardgekookte eierwitte en vou dit dan by die mengsel in. Gooi in twee gesmeerde en gevoerde 9 cm/23 cm-koekpanne en bak in 'n voorverhitte oond van 180°C/350°F/termostaat 4 vir 25 minute tot goed opgepof en veerkragtig om aan te raak.

Lemoen marsala koek

Bak 'n 9"/23 cm-koek

175 g/6 oz/1 koppie rosyne (goue rosyne)

120 ml / 4 vloeistof onse / ½ koppie Marsala

6 onse/¾ koppie/175 g botter of margarien, saggemaak

100 g/4 ons/½ koppie soet bruinsuiker

225 g/8 oz/1 koppie gepoeierde suiker (superfyn).

3 eiers, liggies geklits

fyn gerasperde skil van 1 lemoen

5ml/1 t lemoenbloeiselwater

275 g/10 onse/2½ koppies gewone meel (alles)

10ml/2 tl koeksoda (gispoeier)

'n Knippie sout

13 fl oz/1½ koppies karringmelk

Lemoen likeur glans

Week rosyne oornag in Marsala.

Meng botter of margarien en suiker tot lig en donsig. Voeg die eiers bietjie vir bietjie by en voeg dan die lemoenskil en die lemoenbloeiselwater by. Roer die meel, koeksoda en sout om die beurt met die karringmelk by. Roer geweekte rosyne en Marsala by. Gooi in twee gesmeerde en gevoerde 23 cm-koekpanne en bak in 'n voorverhitte 350°F/180°C/termostaat 4-oond vir 35 minute tot veerkragtig om aan te raak en die kante van die blikkies begin krimp. Laat vir 10 minute in die panne afkoel voordat dit op 'n draadrak ontvorm word om klaar af te koel.

Smeer die koekies met die helfte van die lemoenlikeurryp en smeer dan die oorblywende ryp bo-op.

Perske en peerkoek

Bak 'n 9"/23 cm-koek

6 onse/¾ koppie/175 g botter of margarien, saggemaak

150 g/5 oz/2/3 koppie gepoeierde suiker (superfyn).

2 eiers, liggies geklits

75 g/3 oz/¾ koppie volkoringmeel (koring).

75 g/3 oz/¾ koppie gewone meel (alles)

10ml / 2 tl bakpoeier

15 ml/1 eetlepel melk

2 perskes, ontpit (ontpit), geskil en gekap

2 pere, geskil, ontpit en gekap

2 e/30ml versiersuiker (deeg) gesif

Meng botter of margarien en suiker tot lig en donsig. Voeg die eiers bietjie vir bietjie in, voeg dan die meel en die gis in, voeg die melk by om die mengsel 'n loperige konsekwentheid te gee. Draai die perskes en pere om. Gooi die mengsel in 'n gesmeerde en gevoerde 9 cm/23 cm-koekpan en bak in 'n voorverhitte oond teen 190°C/375°F/termostaat 5 vir 1 uur tot goed opgepof en veerkragtig om aan te raak. Laat vir 10 minute in pan afkoel voordat dit op 'n draadrak ontvorm word om klaar af te koel. Besprinkel met versiersuiker voor opdiening.

Pynappelkoek

Maak 'n koek van 20 cm/8 in

100 g/4 ons/½ koppie botter of margarien

350 g/12 oz/2 koppies gemengde droëvrugte (vrugtekoekmengsel)

225 g/8 onse/1 koppie soet bruinsuiker

5 ml/1 tl gemaalde geurmiddels (appeltert)

5ml/1 tl koeksoda (gispoeier)

15 onse/425 g groot blikkie onversoete fyngemaakte pynappel, gedreineer

225 g/8 oz/2 koppies selfrysende meel (self-rys)

2 eiers, geklits

Plaas al die bestanddele behalwe meel en eiers in 'n kastrol en verhit liggies tot kookpunt terwyl jy goed roer. Kook konstant vir 3 minute, laat dan die mengsel heeltemal afkoel. Voeg die meel by en voeg dan die eiers geleidelik by. Gooi die mengsel in 'n gesmeerde en gevoerde 20 cm/8 koekpan en bak in 'n voorverhitte oond van 180°C/350°F/termostaat 4 vir 1h30-1h30 totdat dit goed opgepof en ferm is om aan te raak. Laat dit koel in die vorm.

Pynappel- en kersiekoek

Maak 'n koek van 20 cm/8 in

100 g/4 ons/½ koppie botter of margarien, saggemaak

100 g/4 oz/1 koppie gepoeierde suiker (superfyn).

2 eiers, geklits

225 g/8 oz/2 koppies selfrysende meel (self-rys)

2,5 ml/½ teelepel bakpoeier

2,5 ml/½ teelepel gemaalde kaneel

175 g/6 oz/1 koppie rosyne (goue rosyne)

25 g/1 ons/2 e versuikerde kersies

400g/14 ons/1 groot blik pynappel, gedreineer en gekap

30 ml/2 e brandewyn of rum

Versiersuiker, gesif, vir afstof

Meng botter of margarien en suiker tot lig en donsig. Voeg die eiers bietjie vir bietjie by en voeg dan die meel, die bakpoeier en die kaneel by. Roer die oorblywende bestanddele liggies by. Gooi die mengsel in 'n gesmeerde en gevoerde 20 cm/8 koekpan en bak in 'n voorverhitte oond van 160°C/325°F/termostaat 3 vir 1h30 totdat 'n tandestokkie wat in die middel gesteek is, self uitkom. Laat afkoel en bedien dan besprinkel met versiersuiker.

Natal Pynappelkoek

Bak 'n 9"/23 cm-koek

2 oz/¼ koppie/50 g botter of margarien

100 g/4 ons/½ koppie gepoeierde suiker (superfyn).

1 eier, liggies geklits

150 g/5 oz/1¼ koppies selfrysende meel (self-rys)

'n Knippie sout

120 ml/½ koppie melk

Vir garnering:

100 g/4 oz vars of ingemaakte pynappel, grof gerasper

1 tafelappel (nagereg), geskil, ontpit en grof gerasper

120 ml/4 ons/½ koppie lemoensap

15 ml / 1 eetlepel suurlemoensap

100 g/4 ons/½ koppie gepoeierde suiker (superfyn).

5ml/1 tl gemaalde kaneel

Smelt botter of margarien, roer dan suiker en eier by tot donsig. Roer die meel en sout om die beurt met die melk by om 'n pasta te verkry. Gooi in 'n gesmeerde en gevoerde 9 cm/23 cm koekpan en bak in 'n voorverhitte oond van 180°C/350°F/termostaat 4 vir 25 minute tot goudbruin en veerkragtig.

Kook al die bestanddele vir die vulsel en prut vir 10 minute. Gooi oor warm koek en braai tot pynappel begin verbruin. Laat afkoel voordat dit warm of koud bedien word.

onderstebo pynappel

Maak 'n koek van 20 cm/8 in

6 onse/¾ koppie/175 g botter of margarien, saggemaak

175 g/6 onse/¾ koppie soet bruinsuiker

400 g/14 ons/1 groot blik pynappelskywe, gedreineer en sap voorbehou

4 geglasuurde kersies (versuikerde), gehalveer

2 eiers

100 g/4 oz/1 koppie self-rysende (self-rysende) meel

Room 75g/3oz/1/3 koppie botter of margarien met 75g/3oz/1/3 koppie suiker tot lig en donsig en smeer onder in 'n gesmeerde 20cm koekpan /8 (vorm). Rangskik pynappelskywe bo-op en strooi kersies, afgerond na onder, oor. Meng die oorblywende botter of margarien en die suiker en voeg dan die eiers geleidelik in. Roer die meel en 2 eetlepels/30ml van die gereserveerde pynappelsap by. Gooi oor die pynappel en bak in 'n voorverhitte oond van 180°C/350°F/termostaat 4 vir 45 minute tot ferm om aan te raak. Laat afkoel in pan vir 5 minute, verwyder dan versigtig uit pan en ontvorm op draadrak om af te koel.

Pynappel okkerneutkoek

Bak 'n 9"/23 cm-koek

8 oz/1 koppie botter of margarien, saggemaak

225 g/8 oz/1 koppie gepoeierde suiker (superfyn).

5 eiers

350 g/12 oz/3 koppies gewone meel (alles)

100 g/4 oz/1 koppie okkerneute, grof gekap

2/3 koppie/100 g bevrore (versuikerde) pynappel, gekap

Bietjie melk

Meng botter of margarien en suiker tot lig en donsig. Klits die eiers geleidelik by, roer dan die meel, neute en pynappel by en voeg net genoeg melk by om 'n loperige konsekwentheid te verkry. Gooi in 'n gesmeerde en gevoerde 23cm/9-koekpan en bak in 'n voorverhitte oond van 150°C/300°F/termostaat 2 vir 1½ uur totdat 'n tandestokkie wat in die middel gesteek is skoon uitkom.

Frambooskoek

Maak 'n koek van 20 cm/8 in

100 g/4 ons/½ koppie botter of margarien, saggemaak

200g/7oz/lite 1 koppie strooisuiker (superfyn).

2 eiers, liggies geklits

250 ml/8 fl oz/1 dl suurroom (melksuur)

5ml/1 tl vanieljegeursel (uittreksel)

2¼ koppies/9 oz/250 g gewone meel (alles)

5ml/1 tl bakpoeier

5ml/1 tl koeksoda (gispoeier)

5ml/1 tl kakaopoeier (onversoete sjokolade).

2,5 ml/½ teelepel sout

100g vars of ontdooide bevrore frambose

Vir garnering:

30 ml/2 eetlepels strooisuiker (superfyn).

5ml/1 tl gemaalde kaneel

Meng botter of margarien en suiker. Roer die eiers geleidelik by, dan die suurroom en vanieljegeursel. Roer meel, bakpoeier, koeksoda, kakao en sout by. Draai die frambose om. Gooi in 'n gesmeerde 8/20 cm-koekpan. Meng suiker en kaneel en sprinkel bo-oor koek. Bak in 'n voorverhitte oond van 200°C/400°F/termostaat 4 vir 35 minute, tot goudbruin en 'n mes wat in die middel gesteek is skoon uitkom. Strooi suiker gemeng met kaneel oor.

Rabarber koek

Maak 'n koek van 20 cm/8 in

225 g/8 onse/2 koppies volkoringmeel (volkoring).

10ml / 2 tl bakpoeier

10ml/2 tl gemaalde kaneel

45 ml/3 eetlepels helder heuning

175 g/6 oz/1 koppie rosyne (goue rosyne)

2 eiers

150 ml/¼ pt/2/3 koppie melk

8 onse/225 g rabarber, gekap

30ml/2 e demerara suiker

Meng al die bestanddele behalwe rabarber en suiker. Roer die rabarber by en gooi in 'n gesmeerde en meelbestrooide 20 cm-koekpan (vorm). Strooi suiker oor. Bak in voorverhitte oond van 180°C/350°F/termostaat 4 vir 45 minute tot gestol. Laat afkoel in pan vir 10 minute voor ontvorm.

Heuning Rabarber Tert

Maak twee 1lb/450g koeke

250 g/9 oz/2/3 koppie helder heuning

120 ml/4 oz/½ koppie olie

1 eier, liggies geklits

15 ml/1 e koeksoda (gispoeier)

¼ pt/2/3 koppie/150 ml gewone jogurt

75 ml/5 eetlepels water

350 g/12 oz/3 koppies gewone meel (alles)

10ml/2 tl sout

350 g/12 oz rabarber, fyn gekap

5ml/1 tl vanieljegeursel (uittreksel)

50 g/2 oz/½ koppie gekapte gemengde neute

Vir garnering:

75 g/3 oz/1/3 koppie soet bruinsuiker

5ml/1 tl gemaalde kaneel

15 ml/1 e botter of margarien, gesmelt

Meng die heuning en olie en roer dan die eier by. Meng koeksoda in jogurt en water tot opgelos. Meng die meel en sout en voeg om die beurt met die jogurt by die heuningmengsel. Roer die rabarber, vanieljegeursel en okkerneute by. Gooi in twee gesmeerde en gevoerde 450 g/1 lb broodpanne. Kombineer bolaagbestanddele en sprinkel oor koeke. Bak in 'n voorverhitte oond van 160°C/325°F/termostaat 3 vir 1 uur tot ferm om aan te raak en goudbruin bo-op. Laat vir 10 minute in panne afkoel en ontvorm dan op draadrak om klaar af te koel.

Beetkoek

Maak 'n koek van 20 cm/8 in

250 g/9 oz/1¼ koppie gewone meel (alles)

15ml / 1 eetlepel bakpoeier

5ml/1 tl gemaalde kaneel

'n Knippie sout

150ml/8oz/1 koppie olie

300g/11oz/11/3 koppies gepoeierde suiker (superfyn).

3 eiers, geskei

150 g rou beet, geskil en grof gerasper

150g/5oz grof gerasperde wortels

100 g/4 oz/1 koppie gekapte gemengde neute

Meng meel, bakpoeier, kaneel en sout. Roer olie en suiker by. Klits eiergele, beet, wortels en okkerneute. Klits die eierwitte styf en vou dit dan met 'n metaallepel by die mengsel in. Gooi die mengsel in 'n gesmeerde en gevoerde 20cm/8 koekpan en bak in 'n voorverhitte oond van 180°C/350°F/termostaat 4 vir 1 uur tot veerkragtig.

Wortel- en piesangkoek

Maak 'n koek van 20 cm/8 in

6 onse/175 g wortels, gerasper

2 piesangs, fyngedruk

75 g/3 oz/½ koppie rosyne (goue rosyne)

50 g/2 oz/½ koppie gekapte gemengde neute

175 g/6 onse/1½ koppie selfrysende meel (self-rys)

5ml/1 tl bakpoeier

5 ml/1 tl gemaalde geurmiddels (appeltert)

Sap en gerasperde skil van 1 lemoen

2 eiers, geklits

75 g/3 oz/1/2 koppie ligte muscovado suiker

100 ml/31/2 fl oz/lite 1/2 koppie sonneblomolie

Meng al die bestanddele saam tot goed gemeng. Gooi in 'n gesmeerde en gevoerde 8/20 cm-koekpan en bak in 'n voorverhitte oond van 180°C/350°F/termostaat 4 vir 1 uur totdat 'n tandestokkie wat in die middel gesteek is skoon uitkom.

Wortel en appelkoek

Bak 'n 9"/23 cm-koek

250g/9 ons/2¼ koppies selfrysende meel (self-rys)

5ml/1 tl koeksoda (gispoeier)

5ml/1 tl gemaalde kaneel

175 g/6 onse/¾ koppie soet bruinsuiker

fyn gerasperde skil van 1 lemoen

3 eiers

200 ml/7 fl oz/lite 1 koppie olie

5 oz/150 g tafelappels (nagereg), geskil, ontkern en gerasper

5 oz/150 g wortels, gerasper

2/3 koppie/100 g gereed-vir-eet gedroogde appelkose, gekap

100 g/4 oz/1 koppie pekanneute of okkerneute, gekap

Kombineer meel, koeksoda en kaneel, roer dan suiker en lemoenskil by. Klits die eiers in die olie, roer dan die appel, wortels en twee derdes van die appelkose en okkerneute by. Roer die meelmengsel by en gooi in 'n gesmeerde en gevoerde (vorm) koekpan van 23 cm. Sprinkel die oorblywende gekapte appelkose en okkerneute oor. Bak in 'n voorverhitte oond van 180°C/350°F/termostaat 4 vir 30 minute tot veerkragtig om aan te raak. Laat effens afkoel in die pan en keer dan uit op 'n draadrak om klaar af te koel.

Wortel- en kaneelkoek

Maak 'n koek van 20 cm/8 in

100 g/4 oz/1 koppie volgraanmeel (koring).

100 g/4 oz/1 koppie gewone meel (alles)

15 ml/1 e gemaalde kaneel

5ml/1 teelepel gerasperde neutmuskaat

10ml / 2 tl bakpoeier

100 g/4 ons/½ koppie botter of margarien

100 g/4 oz/1/3 koppie helder heuning

100 g/4 ons/½ koppie soet bruinsuiker

8 onse/225 g wortels, gerasper

Meng meel, kaneel, neutmuskaat en bakpoeier in 'n bak. Smelt die botter of margarien met die heuning en suiker en meng dan met die meel. Voeg die wortels by en meng goed. Gooi in 'n gesmeerde en gevoerde 8/20 cm-koekpan en bak in 'n voorverhitte oond van 160°C/325°F/termostaat 3 vir 1 uur totdat 'n tandestokkie wat in die middel gesteek is skoon uitkom. Laat vir 10 minute in pan afkoel en ontvorm dan op 'n draadrak om klaar af te koel.

Wortel en zucchini koek

Bak 'n 9"/23 cm-koek

2 eiers

175 g/6 onse/¾ koppie soet bruinsuiker

100 g/4 oz wortels, gerasper

2 oz/50 g courgette, gerasper

75 ml/5 eetlepels olie

225 g/8 oz/2 koppies selfrysende meel (self-rys)

2,5 ml/½ teelepel bakpoeier

5 ml/1 tl gemaalde geurmiddels (appeltert)

Roomkaas ryp

Meng eiers, suiker, wortels, zucchini en olie. Voeg die meel, bakpoeier en speserymengsel by en meng tot 'n gladde pasta. Gooi in 'n gesmeerde en gevoerde 9cm/23cm koekpan en bak in 'n voorverhitte oond teen 180°C/350°F/termostaat 4 vir 30 minute totdat 'n tandestokkie wat in die middel gesteek is skoon uitkom. Laat afkoel en bedek dan met roomkaasryp.

Wortelgemmerkoek

Maak 'n koek van 20 cm/8 in

2/3 koppie/6 onse/175 g botter of margarien

100 g/4 oz/1/3 koppie goue stroop (ligte mielies)

120ml/4oz/½ koppie water

100 g/4 ons/½ koppie soet bruinsuiker

150g/5oz grof gerasperde wortels

5ml/1 tl koeksoda (gispoeier)

200 g/7 oz/1¾ koppie gewone meel (alles)

100 g/4 oz/1 koppie self-rysende (self-rysende) meel

5ml/1 tl gemaalde gemmer

'n Knippie sout

Vir die versiersel (versiersel):

175 g/6 oz/1 koppie strooisuiker (gebak), gesif

5ml/1 tl botter of margarien, saggemaak

30ml/2 e suurlemoensap

Smelt die botter of margarien met die stroop, water en suiker en bring dan tot kookpunt. Verwyder van hitte en roer wortels en koeksoda by. Laat afkoel. Kombineer die meel, gemmer en sout, gooi in 'n gesmeerde 20cm/8 broodpan (pan) en bak in 'n voorverhitte 180°C/350°F/termostaat 4 oond vir 45 minute tot gestol, dit is goed opgeblaas en elasties. raak. Ontvorm en laat afkoel.

Meng die versiersuiker met die botter of margarien en genoeg suurlemoensap om 'n smeerbare versiersel te maak. Sny die koek horisontaal in die helfte, gebruik dan die helfte van die ryp om die koek toe te vou en smeer of smeer die res bo-oor.

Wortel en Beeskoek

Bak 'n 7"/18 cm koek

2 groot eiers, geskei

150 g/5 oz/2/3 koppie gepoeierde suiker (superfyn).

8 onse/225 g wortels, gerasper

5 oz/1¼ koppies gekapte gemengde neute

10ml/2 tl gerasperde suurlemoenskil

50 g/2 oz/½ koppie gewone meel (alles)

2,5 ml/½ teelepel bakpoeier

Klits eiergele en suiker saam tot dik en romerig. Roer wortels, okkerneute en suurlemoenskil by, roer dan meel en bakpoeier by. Klits die eierwitte totdat dit sagte punte vorm en vou dit dan by die mengsel in. Gooi in 'n gesmeerde vierkantige koekpan van 19 cm. Bak in 'n voorverhitte oond van 180°C/350°F/termostaat 4 vir 40-45 minute totdat 'n mes wat in die middel gesteek is skoon uitkom.

Wortel-, lemoen- en beesvleiskoek

Maak 'n koek van 20 cm/8 in

100 g/4 ons/½ koppie botter of margarien, saggemaak

100 g/4 ons/½ koppie soet bruinsuiker

5ml/1 tl gemaalde kaneel

5ml/1 tl gerasperde lemoenskil

2 eiers, liggies geklits

15 ml/1 e lemoensap

100g/4oz wortels, fyn gerasper

50 g/2 oz/½ koppie gekapte gemengde neute

225 g/8 oz/2 koppies selfrysende meel (self-rys)

5ml/1 tl bakpoeier

Meng botter of margarien, suiker, kaneel en lemoenskil tot lig en donsig. Roer eier en lemoensap geleidelik by, roer dan wortels, okkerneute, meel en bakpoeier by. Gooi in 'n gesmeerde en gevoerde 8/20 cm-koekpan en bak in 'n voorverhitte oond van 180°C/350°F/termostaat 4 vir 45 minute tot veerkragtig.

Wortel-, pynappel- en klapperkoek

Bak 'n 10 duim/25 cm koek

3 eiers

350 g/12 ons/1½ koppies gepoeierde suiker (superfyn).

300 ml/½ pt/1¼ koppie olie

5ml/1 tl vanieljegeursel (uittreksel)

225 g/8 oz/2 koppies gewone meel (alles)

5ml/1 tl koeksoda (gispoeier)

10ml/2 tl gemaalde kaneel

5ml/1 tl sout

8 onse/225 g wortels, gerasper

100g/4oz ingemaakte pynappel, gedreineer en fyngedruk

100 g/4 ons/1 koppie gedroogde klapper (gerasper)

100 g/4 oz/1 koppie gekapte gemengde neute

Versiersuiker, gesif, vir afstof

Klits die eiers, suiker, olie en vanieljegeursel saam. Kombineer die meel, koeksoda, kaneel en sout en voeg geleidelik by die mengsel in. Roer wortels, pynappel, klapper en okkerneute by. Gooi in 'n gesmeerde en meelbestrooide 25 cm/10-koekpan en bak in 'n voorverhitte oond van 160°C/325°F/termostaat 3 vir 1h15 tot 'n tandestokkie wat in die middel gesteek is skoon uitkom. Laat vir 10 minute in pan afkoel voordat dit op 'n draadrak ontvorm word om klaar af te koel. Besprinkel met versiersuiker voor opdiening.

Wortel- en pistachekoek

Bak 'n 9"/23 cm-koek

100 g/4 ons/½ koppie botter of margarien, saggemaak

100 g/4 ons/½ koppie gepoeierde suiker (superfyn).

2 eiers

225 g/8 oz/2 koppies gewone meel (alles)

5ml/1 tl koeksoda (gispoeier)

5ml/1 tl gemaalde kardemom

8 onse/225 g wortels, gerasper

2 oz/½ koppie/50 g pistache, gekap

50 g/2 oz/½ koppie gemaalde amandels

100 g/4 oz/2/3 koppie rosyne (goue rosyne)

Meng botter of margarien en suiker tot lig en donsig. Voeg die eiers geleidelik by, klits goed na elke byvoeging, voeg dan die meel, koeksoda en kardemom by. Roer wortels, okkerneute, gemaalde amandels en rosyne by. Gooi die mengsel in 'n gesmeerde en gevoerde 9cm/23cm koekpan en bak in 'n voorverhitte 180°C/350°F/termostaat 4 oond vir 40 minute tot gaar, goudbruin en veerkragtig.

Wortel en neutkoek

Bak 'n 9"/23 cm-koek

200 ml/7 fl oz/lite 1 koppie olie

4 eiers

225 g/8 onse/2/3 koppie verhelderde heuning

225 g/8 onse/2 koppies volkoringmeel (volkoring).

10ml / 2 tl bakpoeier

2,5 ml/½ teelepel koeksoda (gispoeier)

'n Knippie sout

5ml/1 tl vanieljegeursel (uittreksel)

6 onse/175 g wortels, grof gerasper

175 g/6 onse/1 koppie rosyne

100 g/4 oz/1 koppie okkerneute, fyn gekap

Meng olie, eier en heuning. Voeg al die oorblywende bestanddele geleidelik by en klits tot goed gemeng. Gooi in 'n gesmeerde en meelbestrooide koekpan van 23 cm en bak in 'n voorverhitte oond van 180°C/350°F/termostaat 4 vir 1 uur totdat 'n tandestokkie wat in die middel gesteek is skoon uitkom.

Pittige Wortelkoek

Bak 'n 7"/18 cm koek

175 g/6 onse/1 koppie dadels

120ml/4oz/½ koppie water

6 onse/¾ koppie/175 g botter of margarien, saggemaak

2 eiers, liggies geklits

225 g/8 oz/2 koppies selfrysende meel (self-rys)

6 onse/175 g wortels, fyn gerasper

25 g/1 ons/¼ koppie gemaalde amandels

gerasperde skil van 1 lemoen

2,5 ml/½ teelepel. gemaalde geurmiddels (appeltert)

2,5 ml/½ teelepel gemaalde kaneel

2,5 ml/½ teelepel gemaalde gemmer

Vir die versiersel (versiersel):

350 g/12 oz/1½ koppie maaskaas

25 g/1 ons/2 e botter of margarien, saggemaak

gerasperde skil van 1 lemoen

Plaas die dadels en water in 'n klein kastrol, bring tot kookpunt en prut vir 10 minute tot sag. Verwyder en gooi pitte (pitte) weg, kap dan dadels fyn. Meng dadels en vloeistof, botter of margarien en eiers totdat dit romerig word. Roer al die oorblywende koekbestanddele by. Gooi die mengsel in 'n gesmeerde en gevoerde 18 cm/7 cm-koekpan en bak in 'n voorverhitte oond teen 180°C/350°F/termostaat 4 vir 1 uur totdat 'n tandestokkie wat in die middel gesteek is, skoon uitkom. Laat vir 10 minute in pan afkoel voordat dit op 'n draadrak ontvorm word om klaar af te koel.

Om die ryp te maak, klits al die bestanddele saam totdat jy 'n smeerbare konsekwentheid het, voeg 'n bietjie meer lemoensap of water by indien nodig. Verdeel die koek horisontaal in die helfte, voeg die lae met die helfte van die ryp by en smeer die res bo-oor.

Wortel- en bruinsuikerkoek

Bak 'n 7"/18 cm koek

5 eiers, geskei

200g/7 ons/lite 1 koppie soet bruinsuiker

15 ml / 1 eetlepel suurlemoensap

10 onse/300 g wortels, gerasper

225 g/8 oz/2 koppies gemaalde amandels

25 g/1 ons/¼ koppie volkoring (koring) meel.

5ml/1 tl gemaalde kaneel

25 g/1 ons/2 e botter of margarien, gesmelt

25 g/1 ons/2 eetl strooisuiker (superfyn).

30 ml/2 e enkelroom (lig)

75 g/3 oz/¾ koppie gekapte gemengde neute

Klits eiergele tot skuimerig, roer suiker by tot glad, roer dan suurlemoensap by. Roer een derde van die wortels by, dan een derde van die amandels en gaan voort om dit te doen totdat alles gekombineer is. Roer meel en kaneel by. Klits die eierwitte styf en vou dit dan met 'n metaallepel by die mengsel in. Gooi in 'n gesmeerde en gevoerde 18 cm-koekpan en bak in 'n voorverhitte oond van 180°C/350°F/termostaat 4 vir 1 uur. Bedek die koek losweg met perkamentpapier (was) en verlaag die oondtemperatuur tot 160°C/325°F/termostaat 3 vir nog 15 minute of totdat die koek effens van die kante van die pan krimp en die middel nog klam is. Los die koek in die pan tot

Meng gesmelte botter of margarien, suiker, room en neute, gooi oor koek en kook onder medium braaikuiken (braaikuiken) tot goudbruin.

Courgette en murgpampoentjies

Maak 'n koek van 20 cm/8 in

225 g/8 oz/1 koppie gepoeierde suiker (superfyn).

2 eiers, geklits

120 ml/4 oz/½ koppie olie

100 g/4 oz/1 koppie gewone meel (alles)

5ml/1 tl bakpoeier

2,5 ml/½ teelepel koeksoda (gispoeier)

2,5 ml/½ teelepel sout

100 g/4 oz courgette, gerasper

100 g/4 ons fyngemaakte pynappel

50 g/2 oz/½ koppie okkerneute, gekap

5ml/1 tl vanieljegeursel (uittreksel)

Klits suiker en eiers saam tot lig en goed gemeng. Voeg die olie by en dan die droë bestanddele. Roer die zucchini, pynappel, okkerneute en vanieljegeursel by. Gooi in 'n gesmeerde en meelbestrooide koekpan van 20 cm en bak in 'n voorverhitte oond van 180°C/350°F/termostaat 4 vir 1 uur totdat 'n tandestokkie wat in die middel gesteek is skoon uitkom. Laat vir 30 minute in pan afkoel voordat dit op draadrak ontvorm word om klaar af te koel.

Courgette en lemoenkoek

Bak 'n 10 duim/25 cm koek

8 oz/1 koppie botter of margarien, saggemaak

450 g/1 lb/2 koppies soet bruinsuiker

4 eiers, liggies geklits

275 g/10 onse/2½ koppies gewone meel (alles)

15ml / 1 eetlepel bakpoeier

2,5 ml/½ teelepel sout

5ml/1 tl gemaalde kaneel

2,5 ml/½ teelepel gerasperde neutmuskaat

'n Knippie gemaalde naeltjies

Gerasperde skil en sap van 1 lemoen

225 g/8 oz/2 koppies courgette, gerasper

Meng botter of margarien en suiker tot lig en donsig. Voeg die eiers bietjie vir bietjie by en voeg dan die meel, bakpoeier, sout en speserye by, afgewissel met die lemoenskil en sap. Roer zucchini by. Gooi in 'n gesmeerde en gevoerde 10/25 cm-koekpan en bak in 'n voorverhitte oond van 180°C/350°F/termostaat 4 vir 1 uur tot goudbruin en veerkragtig om aan te raak. As die bokant teen die einde van kook begin verbruin, bedek met perkamentpapier (was).

Pampoen Gekruide Koek

Bak 'n 10 duim/25 cm koek

350 g/12 oz/3 koppies gewone meel (alles)

10ml / 2 tl bakpoeier

7,5 ml/1½ tl gemaalde kaneel

5ml/1 tl koeksoda (gispoeier)

2,5 ml/½ teelepel sout

8 eierwitte

450 g/1 lb/2 koppies gepoeierde suiker (superfyn).

100 g/4 oz/1 koppie appelmoes (sous)

120 ml/4 onse/½ koppie karringmelk

15 ml/1 e vanieljegeursel (uittreksel)

5ml/1 tl fyn gerasperde lemoenskil

350 g/12 oz/3 koppies zucchini (courgette), gerasper

75 g/3 oz/¾ koppie okkerneute, gekap

Vir garnering:

100 g/4 ons/½ koppie roomkaas

25 g/1 ons/2 e botter of margarien, saggemaak

5ml/1 tl fyn gerasperde lemoenskil

10 ml/2 t lemoensap

2 koppies/12 onse/350 g gepoeierde suiker (gebak), gesif

Meng die droë bestanddele. Klits die eierwitte totdat dit sagte punte vorm. Roer die suiker stadig by, dan die appelmoes, karringmelk, vanieljegeursel en lemoenskil. Roer meelmengsel by, dan zucchini en okkerneute. Gooi in 'n gesmeerde en meelbestrooide 10 cm/25 cm-koekpan en bak in 'n voorverhitte oond van 150°C/300°F/termostaat 2 vir 1 uur totdat 'n tandestokkie wat in die middel gesteek is skoon uitkom. Laat dit koel in die vorm.

Klits al die vulselbestanddele saam tot glad, voeg genoeg suiker by om 'n smeerbare konsekwentheid te verkry. Smeer oor afgekoelde koek.

Pampoenkoek

Bak 'n 9 x 13 duim/23 x 33 cm koek

450 g/1 lb/2 koppies gepoeierde suiker (superfyn).

4 eiers, geklits

375 ml/13 onse/1½ koppie olie

350 g/12 oz/3 koppies gewone meel (alles)

15ml / 1 eetlepel bakpoeier

10ml/2 tl koeksoda (gispoeier)

10ml/2 tl gemaalde kaneel

2,5 ml/½ teelepel gemaalde gemmer

'n Knippie sout

225 g/8 oz gekookte pampoen in blokkies gesny

100 g/4 oz/1 koppie okkerneute, gekap

Klits die suiker en eiers saam tot goed gemeng en roer dan die olie by. Meng die oorblywende bestanddele. Gooi in 'n gesmeerde en meelbestrooide 23 x 33 cm/9 x 13 in oondbak en bak in 'n voorverhitte oond van 180°C/350°F/termostaat 4 vir 1 uur totdat 'n tandestokkie wat in die middel gesteek is uitkom om die huiswerk te doen .

Gevreesde Pampoenkoek

Maak 'n koek van 20 cm/8 in

100 g/4 ons/½ koppie botter of margarien, saggemaak

150g/5 ons/2/3 koppie soet bruinsuiker

2 eiers, liggies geklits

8 oz/225 g koud gekookte pampoen

30 ml/2 e goue stroop (ligte mielies)

8 onse/225 g 1/1/3 koppie gemengde droëvrugte (vrugtekoekmengsel)

225 g/8 oz/2 koppies selfrysende meel (self-rys)

50 g/2 oz/½ koppie semels

Meng botter of margarien en suiker tot lig en donsig. Voeg die eiers bietjie vir bietjie by en voeg dan die res van die bestanddele by. Gooi in 'n gesmeerde en gevoerde 8/20 cm-koekpan en bak in 'n voorverhitte oond van 160°C/325°F/termostaat 3 vir 1 uur en 15 minute totdat 'n tandestokkie wat in die middel gesteek is, skoon uitkom.

Pittige pampoenrol

Maak 'n 30 cm/12 in rol

75 g/3 oz/¾ koppie gewone meel (alles)

5ml/1 tl koeksoda (gispoeier)

5ml/1 tl gemaalde gemmer

2,5 ml/½ teelepel gerasperde neutmuskaat

10ml/2 tl gemaalde kaneel

'n Knippie sout

1 eier

225 g/8 oz/1 koppie gepoeierde suiker (superfyn).

100g/4oz gaar pampoen, in blokkies gesny

5ml/1 teelepel suurlemoensap

4 eierwitte

50 g/2 oz/½ koppie okkerneute, gekap

1/3 koppie/2 ons/50 g versiersuiker (lekkergoed), gesif

Vir die vulsel:

175 g/6 oz/1 koppie strooisuiker (gebak), gesif

100 g/4 ons/½ koppie roomkaas

2,5 ml/½ tl vanieljegeursel (uittreksel)

Meng meel, koeksoda, speserye en sout. Klits die dik, bleek eier en roer dan die suiker by totdat die mengsel bleek en romerig is. Roer pampoen en suurlemoensap by. Roer meelmengsel by. Klits die eierwitte in 'n skoon bak tot styf. Vou koekmengsel in en smeer in 'n gesmeerde en gevoerde 30 x 12 cm/12 x 8 Switserse rolpan en sprinkel okkerneute bo-oor. Bak in 'n voorverhitte oond van 190°C/375°F/termostaat 5 vir 10 minute tot veerkragtig om aan te raak. Sif die versiersuiker op 'n skoon teedoek en keer die koek om op die teedoek. Verwyder die perkamentpapier en rol die koek en teedoek op, laat dan afkoel.

Om die vulsel te maak, klits die suiker geleidelik by die roomkaas en vanieljegeursel in totdat jy 'n smeerbare mengsel het. Smeer die koek en smeer die vulsel bo-op. Rol die koek weer op en laat afkoel voor opdiening, bestrooi met nog 'n bietjie versiersuiker.

Rabarber en heuningkoek

Maak twee 1lb/450g koeke

250 g/9 oz/¾ koppie helder heuning

100ml/4oz/½ koppie olie

1 eier

5ml/1 tl koeksoda (gispoeier)

60 ml/4 eetlepels water

350 g/12 oz/3 koppies volgraanmeel (koring).

10ml/2 tl sout

350 g/12 oz rabarber, fyn gekap

5ml/1 tl vanieljegeursel (uittreksel)

2 oz/½ koppie/50 g gekapte gemengde neute (opsioneel)

Vir garnering:

75 g/3 oz/1/3 koppie muscovado suiker

5ml/1 tl gemaalde kaneel

15 g/½ ons/1 e botter of margarien, saggemaak

Meng heuning en olie. Voeg die eier by en klits goed. Voeg die koeksoda by die water en laat dit oplos. Meng meel en sout. Voeg by heuningmengsel om die beurt met koeksoda of koeksodamengsel. Roer rabarber, vanieljegeursel en okkerneute by indien verkies. Gooi in twee gesmeerde 450 g/1 lb-broodpannetjies. Meng bestanddele vir bolaag saam en smeer oor koekmengsel. Bak in 'n voorverhitte oond van 180°C/350°F/termostaat 4 vir 1 uur tot veerkragtig om aan te raak.

Patat se Koek

Bak 'n 9"/23 cm-koek

300 g/11 oz/2¾ koppies gewone meel (alles)

15ml / 1 eetlepel bakpoeier

5ml/1 tl gemaalde kaneel

5ml/1 teelepel gerasperde neutmuskaat

'n Knippie sout

350 g/12 ons/1¾ koppies gepoeierde suiker (superfyn).

375 ml/13 onse/1½ koppie olie

60ml/4 eetlepels gekookte water

4 eiers, geskei

225 g/8 ons patats, geskil en grof gerasper

100 g/4 oz/1 koppie gekapte gemengde neute

5ml/1 tl vanieljegeursel (uittreksel)

Vir die versiersel (versiersel):

8 oz/11/3 koppies versiersuiker (snoepgoed), gesif

2 oz/¼ koppie/50 g botter of margarien, saggemaak

250 g/9 ons/1 medium buis roomkaas

50 g/2 oz/½ koppie gekapte gemengde neute

'n Knippie gemaalde kaneel om oor te strooi

Meng meel, bakpoeier, kaneel, neutmuskaat en sout. Klits suiker en olie saam, voeg dan kookwater by en klits tot goed gemeng. Voeg die eiergeel en meelmengsel by en meng tot goed gemeng. Roer patats, okkerneute en vanieljegeursel by. Klits die hardgekookte eierwitte en vou dit dan by die mengsel in. Gooi in twee gesmeerde en meelbestrooide 9cm/23cm-koekpanne en bak in 'n voorverhitte 180°C/350°F/termostaat 4-oond vir 40 minute tot veerkragtig om aan te raak. Laat vir 5 minute in panne afkoel en ontvorm dan op draadrak om klaar af te koel.

Meng die versiersuiker, botter of margarien en die helfte van die roomkaas. Smeer die helfte van die oorblywende roomkaas op 'n koek en smeer dan die ryp oor die kaas. Braai die koekies saam. Smeer die oorblywende roomkaas bo-oor en sprinkel okkerneute en kaneel oor voor opdiening.

Italiaanse amandelkoek

Maak 'n koek van 20 cm/8 in

1 eier

150 ml/¼ pt/2/3 koppie melk

2,5 ml/½ tl amandelgeursel (uittreksel)

45ml/3 e gesmelte botter

350 g/12 oz/3 koppies gewone meel (alles)

100 g/4 ons/½ koppie gepoeierde suiker (superfyn).

10ml / 2 tl bakpoeier

2,5 ml/½ teelepel sout

1 eierwit

100 g/4 oz/1 koppie amandels, gekap

Klits die eier in 'n bak, voeg dan die melk, amandelgeursel en gesmelte botter geleidelik by terwyl jy aanhoudend klits. Voeg meel, suiker, bakpoeier en sout by en hou aan meng tot glad. Gooi in 'n gesmeerde en gevoerde 20cm koekpan (vorm). Klits eierwit tot skuimerig, smeer dan mildelik bo-oor koek en strooi amandels oor. Bak in 'n voorverhitte oond van 220°C/425°F/termostaat 7 vir 25 minute tot goudbruin en veerkragtig om aan te raak.

Amandel- en koffietert

Bak 'n 9"/23 cm-koek

8 eiers, geskei

175 g/6 onse/¾ koppie gepoeierde suiker (superfyn).

60 ml/4 eetl sterk swart koffie

175 g/6 oz/1½ koppies gemaalde amandels

45 ml/3 eetlepels semolina (room van koring)

100 g/4 oz/1 koppie gewone meel (alles)

Klits eiergele en suiker baie dik en romerig. Voeg die koffie, gemaalde amandels en semolina by en klits goed. Roer die meel by. Klits die hardgekookte eierwitte en vou dit dan by die mengsel in. Gooi in 'n gesmeerde 9cm/23cm koekpan en bak in 'n voorverhitte oond van 180°C/350°F/termostaat 4 vir 45 minute tot veerkragtig om aan te raak.

Amandel- en heuningkoek

Maak 'n koek van 20 cm/8 in

8 onse/225 g wortels, gerasper

75 g/3 oz/¾ koppie amandels, gekap

2 eiers, geklits

100 ml/4 fl oz/½ koppie verhelderde heuning

60 ml/4 eetlepels olie

150 ml/¼ pt/2/3 koppie melk

150 g/5 onse/1¼ koppies volkoringmeel (volkoring)

10ml/2 tl sout

10ml/2 tl koeksoda (gispoeier)

15 ml/1 e gemaalde kaneel

Meng wortels en okkerneute. Klits die eiers saam met die heuning, olie en melk en vou dit dan by die wortelmengsel in. Kombineer meel, sout, koeksoda en kaneel en roer by wortelmengsel. Gooi die mengsel in 'n gesmeerde en gevoerde vierkantige koekpan met 'n deursnee van 20 cm en bak in 'n voorverhitte oond teen 150°C/300°F/termostaat 2 vir 1 3/4 uur totdat 'n tand wat in die middel gesteek is, skoon uitkom. Laat afkoel in pan vir 10 minute voor ontvorm.

Amandel- en suurlemoenkoek

Bak 'n 9"/23 cm-koek

25 g/1 ons/¼ koppie gesnyde amandels

100 g/4 ons/½ koppie botter of margarien, saggemaak

100 g/4 ons/½ koppie soet bruinsuiker

2 eiers, geklits

100 g/4 oz/1 koppie self-rysende (self-rysende) meel

gerasperde skil van 1 suurlemoen

Vir die stroop:

75g/3oz/1/3 koppie gepoeierde suiker (superfyn).

45–60 ml/3–4 e suurlemoensap

Smeer en voer 'n 9-duim/23 cm-koekpan uit en sprinkel die amandels op die bodem. Meng die botter en die bruinsuiker. Klits die eiers een vir een en voeg dan die meel en suurlemoenskil by. Giet in die voorbereide vorm en maak die oppervlak glad. Bak in 'n voorverhitte oond van 180°C/350°F/termostaat 4 vir 20-25 minute tot goed gepof en veerkragtig om aan te raak.

Verhit intussen die strooisuiker en suurlemoensap in 'n kastrol, roer af en toe, totdat die suiker opgelos het. Haal die koek uit die oond en laat dit vir 2 minute afkoel en ontvorm dit dan op 'n draadrak, onderkant na bo. Gooi die stroop oor en laat heeltemal afkoel.

Lemoen amandelkoek

Maak 'n koek van 20 cm/8 in

8 oz/1 koppie botter of margarien, saggemaak

225 g/8 oz/1 koppie gepoeierde suiker (superfyn).

4 eiers, geskei

225 g/8 oz/2 koppies gewone meel (alles)

10ml / 2 tl bakpoeier

50 g/2 oz/½ koppie gemaalde amandels

5ml/1 tl gerasperde lemoenskil

Meng botter of margarien en suiker tot lig en donsig. Klits die eiergele en voeg dan die meel, die bakpoeier, die gemaalde amandels en die lemoenskil in. Klits die eierwitte styf en vou dit dan met 'n metaallepel by die mengsel in. Gooi in 'n gesmeerde en gevoerde 8/20 cm-koekpan en bak in 'n voorverhitte oond van 180°C/350°F/termostaat 4 vir 1 uur totdat 'n tandestokkie wat in die middel gesteek is skoon uitkom.

Ryk amandelkoek

Bak 'n 7"/18 cm koek

100 g/4 ons/½ koppie botter of margarien, saggemaak

150 g/5 oz/2/3 koppie gepoeierde suiker (superfyn).

3 eiers, liggies geklits

75 g/3 oz/¾ koppie gemaalde amandels

50 g/2 oz/½ koppie gewone meel (alles)

'n Paar druppels amandelgeursel (uittreksel)

Meng botter of margarien en suiker tot lig en donsig. Voeg die eiers bietjie vir bietjie in en voeg dan die gemaalde amandels, die meel en die essensie van amandels in. Gooi in 'n gesmeerde en gevoerde 7cm/18cm koekpan en bak in 'n voorverhitte oond van 180°C/350°F/termostaat 4 vir 45 minute tot veerkragtig.

Sweedse macaron koek

Bak 'n 9"/23 cm-koek

100 g/4 oz/1 koppie gemaalde amandels

75 g/3 oz/1/3 koppie gegranuleerde suiker

5ml/1 tl bakpoeier

2 groot eierwitte, geklits

Meng amandels, suiker en bakpoeier saam. Roer eierwitte by tot mengsel dik en glad is. Gooi in 'n gesmeerde en gevoerde 9cm/23cm-toebroodjiepan en bak in 'n voorverhitte 325°F/160°C/termostaat 3-oond vir 20-25 minute tot gaar en goudbruin. Ontvorm baie versigtig omdat die koek broos is.

klapperbrood

Maak 'n 450g/1lb brood

100 g/4 oz/1 koppie self-rysende (self-rysende) meel

225 g/8 oz/1 koppie gepoeierde suiker (superfyn).

100 g/4 ons/1 koppie gedroogde klapper (gerasper)

1 eier

120 ml/½ koppie melk

'n Knippie sout

Meng al die bestanddele goed en gooi in 'n gesmeerde en gevoerde 450 g/1 lb-broodpan (pan). Bak in 'n voorverhitte oond van 180°C/350°F/termostaat 4 vir ongeveer 1 uur tot goudbruin en veerkragtig om aan te raak.

'n Kokoskoek

Bak 'n 9"/23 cm-koek

75 g/3 oz/1/3 koppie botter of margarien

150 ml/¼ pt/2/3 koppie melk

2 eiers, liggies geklits

225 g/8 oz/1 koppie gepoeierde suiker (superfyn).

150 g/5 oz/1¼ koppies selfrysende meel (self-rys)

'n Knippie sout

Vir garnering:

100 g/4 ons/½ koppie botter of margarien

75 g/3 oz/¾ koppie gedroogde klapper (gerasper)

60 ml/4 eetlepels helder heuning

45 ml/3 eetlepels melk

50 g/2 oz/¼ koppie soet bruinsuiker

Smelt die botter of margarien in die melk en laat effens afkoel. Klits die eiers en poeiersuiker saam tot lig en donsig en roer dan die botter-en-melkmengsel by. Voeg die meel en sout by 'n redelik dun mengsel. Gooi in 'n gesmeerde en gevoerde 9 cm/23 cm koekpan en bak in 'n voorverhitte oond teen 180°C/350°F/termostaat 4 vir 40 minute tot goudbruin en veerkragtig om aan te raak.

Kook intussen die vulselbestanddele in 'n kastrol. Draai warm koek oor en bedek met bolaagmengsel. Plaas onder 'n warm braaikuiken (broiler) vir 'n paar minute totdat die vulsel net begin verkleur.

Goue klapperkoek

Maak 'n koek van 20 cm/8 in

100 g/4 ons/½ koppie botter of margarien, saggemaak

200g/7oz/lite 1 koppie strooisuiker (superfyn).

200 g/7 oz/1¾ koppie gewone meel (alles)

10ml / 2 tl bakpoeier

'n Knippie sout

175 ml/6 fl oz/¾ koppie melk

3 eierwitte

Vir die vulsel en bolaag:

150 g/5 oz/1¼ koppie gedroogde klapper (gerasper)

200g/7oz/lite 1 koppie strooisuiker (superfyn).

120 ml/½ koppie melk

120ml/4oz/½ koppie water

3 eiergele

Meng botter of margarien en suiker tot lig en donsig. Voeg die meel, bakpoeier en sout om die beurt met die melk en water by die mengsel tot 'n gladde deeg vorm. Klits hardgekookte eierwitte en vou dit dan by die beslag in. Gooi die mengsel in twee gesmeerde 8/20 cm-koekpanne en bak in 'n voorverhitte oond van 180°C/350°F/termostaat 4 vir 25 minute tot veerkragtig. Laat afkoel.

Meng klapper, suiker, melk en eiergele in 'n klein kastrol. Verhit oor lae hitte vir 'n paar minute tot die eiers gaar is, terwyl jy aanhoudend roer. Laat afkoel. Smeer die koekies met die helfte van die klappermengsel en plaas dan die res bo-op.

Klapper Laagkoek

Bak 'n 3½ x 7"/9 x 18 cm-koek

100 g/4 ons/½ koppie botter of margarien, saggemaak

175 g/6 onse/¾ koppie gepoeierde suiker (superfyn).

3 eiers

175 g/6 oz/1½ koppie gewone meel (alles)

5ml/1 tl bakpoeier

175 g/6 oz/1 koppie rosyne (goue rosyne)

120 ml/½ koppie melk

6 gewone koekies (koekies), fyngedruk

100 g/4 ons/½ koppie soet bruinsuiker

100 g/4 ons/1 koppie gedroogde klapper (gerasper)

Meng botter of margarien en gepoeierde suiker tot lig en donsig. Klits twee van die eiers geleidelik by, roer dan die meel, bakpoeier en rosyne om die beurt met die melk by. Gooi die helfte van die mengsel in 'n gesmeerde en gevoerde 450 g/1 lb-broodpan. Meng die oorblywende eiers met die koekiekrummels, bruinsuiker en klapper en sprinkel oor die pan. Gooi die res van die mengsel in en bak in 'n voorverhitte oond van 180°C/350°F/termostaat 4 vir 1 uur. Laat vir 30 minute in pan afkoel en ontvorm dan op 'n draadrak om klaar af te koel.

Klapper en suurlemoenkoek

Maak 'n koek van 20 cm/8 in

100 g/4 ons/½ koppie botter of margarien, saggemaak

75 g/3 oz/1/3 koppie soet bruinsuiker

gerasperde skil van 1 suurlemoen

1 eier, geklits

'n Paar druppels amandelgeursel (uittreksel)

350 g/12 oz/3 koppies selfrysende meel (self-rys)

60 ml/4 e frambooskonfyt (ingemaak)

Vir garnering:

1 eier, geklits

75 g/3 oz/1/3 koppie soet bruinsuiker

225 g/8 oz/2 koppies gedroogde klapper (gerasper)

Meng botter of margarien, suiker en suurlemoenskil tot lig en donsig. Voeg die eier- en amandelgeursel geleidelik in en voeg dan die meel in. Gooi die mengsel in 'n gesmeerde en gevoerde 20 cm-koekpan. Gooi die konfyt oor die mengsel. Klits die vulselbestanddele saam en smeer oor die mengsel. Bak in 'n voorverhitte oond van 180°C/350°F/termostaat 4 vir 30 minute tot veerkragtig om aan te raak. Laat dit koel in die vorm.

Nuwejaar se klapperkoek

Bak 'n 7"/18 cm koek

100 g/4 ons/½ koppie botter of margarien, saggemaak

100 g/4 ons/½ koppie gepoeierde suiker (superfyn).

2 eiers, liggies geklits

75 g/3 oz/¾ koppie gewone meel (alles)

45 ml/3 eetlepels gedroogde klapper (gerasper)

30ml/2 e rum

'n Paar druppels amandelgeursel (uittreksel)

'n Paar druppels suurlemoengeursel (uittreksel)

Meng botter en suiker saam tot lig en donsig. Voeg die eiers bietjie vir bietjie in en voeg dan die meel en die klapper in. Voeg die rum en die geursel by. Gooi in 'n gesmeerde en gevoerde 18cm/7cm koekpan en maak die oppervlak glad. Bak in 'n voorverhitte oond teen 190°C/375°F/termostaat 5 vir 45 minute, totdat 'n tandestokkie wat in die middel gesteek is skoon uitkom. Laat dit koel in die vorm.

Klapper Sultana koek

Bak 'n 9"/23 cm-koek

100 g/4 ons/½ koppie botter of margarien, saggemaak

175 g/6 onse/¾ koppie gepoeierde suiker (superfyn).

2 eiers, liggies geklits

175 g/6 oz/1½ koppie gewone meel (alles)

5ml/1 tl bakpoeier

'n Knippie sout

175 g/6 oz/1 koppie rosyne (goue rosyne)

120 ml/½ koppie melk

Vir die vulsel:

1 eier, liggies geklits

50 g/2 ons/½ koppie gewone koekie (koek) krummels

100 g/4 ons/½ koppie soet bruinsuiker

100 g/4 ons/1 koppie gedroogde klapper (gerasper)

Meng botter of margarien en gepoeierde suiker tot lig en donsig. Voeg die eiers geleidelik by. Roer die meel, bakpoeier, sout en rosyne by genoeg melk om 'n gladde konsekwentheid te verkry. Gooi die helfte van die mengsel in 'n gesmeerde 23cm/9-koekpan. Meng bolaagbestanddele saam en gooi oor mengsel, dan bo-op met res van koekmengsel. Bak in 'n voorverhitte oond van 180°C/350°F/termostaat 4 vir 1 uur tot veerkragtig om aan te raak en begin wegtrek van kante van pan. Laat in die pan afkoel voordat dit ontvorm word.

Bros beeskoek

Bak 'n 9"/23 cm-koek

8 oz/1 koppie botter of margarien, saggemaak

225 g/8 oz/1 koppie gepoeierde suiker (superfyn).

2 eiers, liggies geklits

225 g/8 oz/2 koppies gewone meel (alles)

2,5 ml/½ teelepel koeksoda (gispoeier)

2,5 ml/½ teelepel kremetart

7 fl oz/lite 200 ml 1 koppie melk

Vir garnering:

100 g/4 oz/1 koppie gekapte gemengde neute

100 g/4 ons/½ koppie soet bruinsuiker

5ml/1 tl gemaalde kaneel

Meng botter of margarien en gepoeierde suiker tot lig en donsig. Voeg die eiers bietjie vir bietjie by en voeg dan die meel, koeksoda en kremetart om die beurt met die melk by. Gooi in 'n gesmeerde en gevoerde 23cm koekpan (vorm). Kombineer okkerneute, bruinsuiker en kaneel en sprinkel bo-oor koek. Bak in 'n voorverhitte oond van 180°C/350°F/termostaat 4 vir 40 minute tot goudbruin en van die kante van die pan af kom. Laat vir 10 minute in pan afkoel en ontvorm dan op 'n draadrak om klaar af te koel.

Gemengde beesvleiskoek

Bak 'n 9"/23 cm-koek

100 g/4 ons/½ koppie botter of margarien, saggemaak

225 g/8 oz/1 koppie gepoeierde suiker (superfyn).

1 eier, geklits

225 g/8 oz/2 koppies selfrysende meel (self-rys)

10ml / 2 tl bakpoeier

'n Knippie sout

250 ml / 8 ons / 1 koppie melk

5ml/1 tl vanieljegeursel (uittreksel)

2,5 ml/½ teelepel suurlemoengeursel (uittreksel)

100 g/4 oz/1 koppie gekapte gemengde neute

Meng botter of margarien en suiker tot lig en donsig. Voeg die eier geleidelik by. Meng die meel, bakpoeier en sout en voeg om die beurt met die melk en die geursel by die mengsel. Draai die neute om. Gooi in twee gesmeerde en gevoerde koekpanne met 'n deursnee van 23 cm en bak in voorverhitte oond teen 180°F/350°F/termostaat 4 vir 40 minute totdat 'n tandestokkie wat in die middel gesteek is, skoon uitkom.

Griekse beeskoek

Bak 'n 10 duim/25 cm koek

100 g/4 ons/½ koppie botter of margarien, saggemaak

225 g/8 oz/1 koppie gepoeierde suiker (superfyn).

3 eiers, liggies geklits

2¼ koppies/9 oz/250 g gewone meel (alles)

225 g/8 oz/2 koppies okkerneute, gemaal

10ml / 2 tl bakpoeier

5ml/1 tl gemaalde kaneel

1,5 ml/¼ teelepel gemaalde naeltjies

'n Knippie sout

75 ml/5 eetlepels melk

Vir die heuningstroop:

175 g/6 onse/¾ koppie gepoeierde suiker (superfyn).

75 g/3 onse/¼ koppie helder heuning

15 ml / 1 eetlepel suurlemoensap

250 ml/8 fl oz/1 koppie kookwater

Meng botter of margarien en suiker tot lig en donsig. Voeg die eiers bietjie vir bietjie by en voeg dan die meel, neute, bakpoeier, speserye en sout by. Voeg die melk by en meng tot glad. Gooi in 'n gesmeerde en meelbestrooide 10cm/25cm-koekpan en bak in 'n voorverhitte oond van 180°C/350°F/termostaat 4 vir 40 minute tot veerkragtig om aan te raak. Laat vir 10 minute in die pan afkoel en sit dan oor na 'n draadrak.

Om die stroop te maak, kombineer die suiker, heuning, suurlemoensap en water en verhit tot opgelos. Prik die warm koek met 'n vurk en bedruip dan met heuningstroop.

Okkerneut Roomyskoek

Bak 'n 7"/18 cm koek

100 g/4 ons/½ koppie botter of margarien, saggemaak

100 g/4 ons/½ koppie gepoeierde suiker (superfyn).

2 eiers, liggies geklits

100 g/4 oz/1 koppie self-rysende (self-rysende) meel

100 g/4 oz/1 koppie okkerneute, gekap

'n Knippie sout

Vir die versiersel (versiersel):

450 g/1 lb/2 koppies gegranuleerde suiker

150 ml/¼ pt/2/3 koppie water

2 eierwitte

'n Paar okkerneuthelftes om te garneer

Meng botter of margarien en gepoeierde suiker tot lig en donsig. Voeg die eiers bietjie vir bietjie by en voeg dan die meel, okkerneute en sout by. Gooi die mengsel in twee gesmeerde en gevoerde 7"/18cm-koekpanne en bak in 'n voorverhitte 350°F/180°C/termostaat 4-oond vir 25 minute tot goed uitgerys en veerkragtig raak. Laat afkoel.

Los die strooisuiker op in die water oor lae hitte, roer aanhoudend, bring dan tot kookpunt en kook verder, sonder om te roer, totdat 'n druppel van die mengsel 'n sagte bal vorm wanneer dit koud in die water gegooi word. Klits intussen eierwitte in 'n skoon bak tot styf. Giet die stroop oor die eierwitte en klits totdat die mengsel dik genoeg is om die agterkant van 'n lepel te bedek. Smeer 'n laag ryp oor die koeke, smeer dan die res oor die bokant en kante van die koek en versier met okkerneuthelftes.

Okkerneutkoek met sjokoladeroom

Bak 'n 7"/18 cm koek

3 eiers

75 g/3 oz/1/3 koppie soet bruinsuiker

50 g/2 oz/½ koppie volkoringmeel (volkoring).

25 g/1 oz/¼ koppie kakaopoeier (onversoete sjokolade)

Vir die versiersel (versiersel):

150 g/5 oz/1¼ koppies gewone sjokolade (semi-soet)

225 g/8 onse/1 koppie laevet roomkaas

45 ml/3 e versiersuiker (deeg) gesif

75 g/3 oz/¾ koppie okkerneute, gekap

15 ml/1 eetlepel konjak (opsioneel)

Gerasperde sjokolade vir garnering

Klits eiers en bruinsuiker saam tot lig en dik. Roer meel en kakao by. Gooi die mengsel in twee gesmeerde en gevoerde 7cm/18cm-toebroodjiespanne en bak in 'n voorverhitte oond van 190°C/375°F/termostaat 5 vir 15-20 minute tot goed opgepof en veerkragtig raak. Verwyder uit vorms en laat afkoel.

Smelt die sjokolade in 'n hittebestande bak oor 'n kastrol met effens pruttende water. Verwyder van die hitte en roer die roomkaas en versiersuiker by, roer dan die neute en brandewyn by, indien gebruik. Smeer die koekies met die meeste van die vulsel en smeer die res bo-oor. Garneer met gerasperde sjokolade.

Heuning en kaneel neutkoek

Bak 'n 9"/23 cm-koek

225 g/8 oz/2 koppies gewone meel (alles)

10ml / 2 tl bakpoeier

5ml/1 tl koeksoda (gispoeier)

5ml/1 tl gemaalde kaneel

'n Knippie sout

100g/4oz/1 koppie gewone jogurt

75 ml/5 eetlepels olie

100 g/4 oz/1/3 koppie helder heuning

1 eier, liggies geklits

5ml/1 tl vanieljegeursel (uittreksel)

Vir die vulsel:

2 oz/½ koppie/50 g gekapte okkerneute

225 g/8 onse/1 koppie soet bruinsuiker

10ml/2 tl gemaalde kaneel

30 ml/2 eetlepels olie

Meng die droë bestanddele vir die koek en maak 'n holte in die middel. Klits die res van die koekbestanddele saam en meng dit met die droë bestanddele. Meng die bestanddele vir die vulsel. Gooi die helfte van die koekbeslag in 'n gesmeerde en meelbestrooide 9cm/23cm-koekpan en sprinkel die helfte van die vulsel oor. Voeg die res van die koekmengsel by, dan die res van die vulsel. Bak in voorverhitte oond van 180°C/350°F/termostaat 4 vir 30 minute tot goed opgepof en goudbruin en begin wegtrek van kante van pan.

Amandel- en heuningstafies

Maak 10

15 g/½ ons vars gis of 20 ml/4 tl droë gis

45ml/3 e strooisuiker (superfyn).

120 ml/½ koppie warm melk

300 g/11 oz/2¾ koppies gewone meel (alles)

'n Knippie sout

1 eier, liggies geklits

2 oz/¼ koppie/50 g botter of margarien, saggemaak

½ pt/1¼ koppies/300 ml dubbelroom (dik)

2 e/30ml versiersuiker (deeg) gesif

45 ml/3 eetlepels helder heuning

300 g/11 oz/2¾ koppies gesnyde amandels (gesny)

Meng die gis, 5 ml / 1 teelepel strooisuiker en 'n bietjie melk en laat staan vir 20 minute op 'n warm plek totdat die mengsel skuim. Meng die res van die suiker met die meel en sout en maak 'n holte in die middel. Roer eiers, botter of margarien, gismengsel en oorblywende warm melk geleidelik by en meng tot sagte deeg vorm. Knie op 'n oppervlak wat liggies met meel bestrooi is tot glad en elasties. Plaas in 'n geoliede bak, bedek met geoliede plastiek wrap (plastiek wrap) en laat op 'n warm plek vir 45 minute tot dubbel die grootte.

Knie weer die deeg af, rol dit dan uit en plaas dit in 'n gesmeerde koekpan van 30 x 20 cm, prik dit met 'n vurk, bedek en laat rus vir 10 minute op 'n warm plek.

Gooi 120 ml/½ koppie room, die versiersuiker en die heuning in 'n klein kastrol en bring tot kookpunt. Verwyder van die hitte en roer die amandels by. Smeer oor die deeg en bak dan in 'n voorverhitte oond van 200°C/400°F/termostaat 6 vir 20 minute tot goudbruin en veerkragtig om aan te raak, bedek met perkamentpapier (was) as die bokant te veel bruin begin word voor die einde van kook. Ontvorm en laat afkoel.

Sny die koek horisontaal in die helfte. Klits die res van die room tot styf en smeer dit oor die onderste helfte van die koek. Top met die helfte van die koek wat met amandels bedek is en in stafies gesny word.

Appel en swartbessie krummels

Maak 12

175 g/6 oz/1½ koppie gewone meel (alles)

5ml/1 tl bakpoeier

'n Knippie sout

175 g/6 onse/¾ koppie botter of margarien

225 g/8 onse/1 koppie soet bruinsuiker

100g/4oz/1 koppie gerolde hawermout

450 g/1 lb gaar appels (pasteie), geskil, ontkern en in skywe gesny

30 ml/2 e mielieblom (mieliesstysel)

10ml/2 tl gemaalde kaneel

2,5 ml/½ teelepel gerasperde neutmuskaat

2,5 ml/½ teelepel gemaalde wonderpeper

225 g/8 onse swartbessies

Kombineer meel, bakpoeier en sout en roer dan botter of margarien by. Roer suiker en gerolde hawermout by. Gooi die helfte in die bodem van 'n gesmeerde en gevoerde 9cm/25cm vierkantige koekpan. Meng appels, mieliemeel en speserye en smeer bo-oor. Garneer met swartbessies. Gooi die res van die mengsel oor en maak die bokant glad. Bak in voorverhitte oond van 180°C/350°F/termostaat 4 vir 30 minute tot veerkragtig. Laat afkoel en sny dan in skywe.

Appelkoos- en hawermoutstafies

Maak 24

75 g/3 oz/½ koppie gedroogde appelkose

25 g / 1 oz / 3 eetlepels rosyne (goue rosyne)

250ml/8oz/1 koppie water

5ml/1 teelepel suurlemoensap

150g/5 ons/2/3 koppie soet bruinsuiker

50 g/2 oz/½ koppie gedroogde klapper (gerasper)

50 g/2 oz/½ koppie gewone meel (alles)

2,5 ml/½ teelepel koeksoda (gispoeier)

100g/4oz/1 koppie gerolde hawermout

50 g/2 oz/¼ koppie botter, gesmelt

Plaas die appelkose, rosyne, water, suurlemoensap en 2 e/30ml bruinsuiker in 'n klein kastrol en roer oor lae hitte tot verdik. Roer die klapper by en laat afkoel. Kombineer meel, koeksoda, gerolde hawermout en oorblywende suiker en roer dan by gesmelte botter. Druk die helfte van die hawermoutmengsel in die bodem van 'n gesmeerde 20cm/8 vierkantige pan en smeer dan die appelkoosmengsel bo-oor. Bedek met orige hawermengsel en druk liggies vas. Bak in voorverhitte oond van 180°C/350°F/termostaat 4 vir 30 minute tot goudbruin. Laat afkoel en sny dan in skywe.

Appelkoosskyfies

Maak 16

2/3 koppie/100 g gereed-vir-eet gedroogde appelkose

120 ml/4 ons/½ koppie lemoensap

100 g/4 ons/½ koppie botter of margarien

75 g/3 oz/¾ koppie volkoringmeel (koring).

75 g/3 oz/¾ koppie gerolde hawermout

75 g/3 oz/1/3 koppie demerara suiker

Week appelkose in lemoensap vir minstens 30 minute tot sag, dreineer en kap. Vryf botter of margarien by meel in totdat mengsel soos broodkrummels lyk. Roer gerolde hawermout en suiker by. Druk die helfte van die mengsel in 'n gesmeerde 30 x 20 cm/12 x 8 springvorm en sprinkel die appelkose oor. Smeer die res van die mengsel bo-oor en druk liggies vas. Bak in voorverhitte oond van 180°C/350°F/termostaat 4 vir 25 minute tot goudbruin. Laat in die pan afkoel voordat dit ontvorm en in stafies gesny word.

Neut Piesangstafies

Sal so 14 jaar oud wees

2 oz/¼ koppie/50 g botter of margarien, saggemaak

75 g/3 ons/1/3 koppie gepoeierde suiker (superfyn) of sagte bruinsuiker

2 groot piesangs, gekap

175 g/6 oz/1½ koppie gewone meel (alles)

7,5 ml / 1½ teelepel bakpoeier

2 eiers, geklits

2 oz/½ koppie/50 g okkerneute, grof gekap

Meng botter of margarien en suiker. Druk die piesangs fyn en roer by die mengsel. Meng meel en bakpoeier. Voeg die meel, eiers en neute by die piesangmengsel en klits goed. Gooi in 'n gesmeerde en gevoerde broodpan van 18 x 28 cm/7 x 11, maak die oppervlak glad en bak in 'n voorverhitte oond van 160°C/325°F/termostaat 3 vir 30-35 minute tot sag, dit is elasties. Laat vir 'n paar minute in die pan afkoel en keer dan uit op 'n draadrak om klaar af te koel. Sny in ongeveer 14 stawe.

Amerikaanse Brownies

Doen ongeveer 15

2 groot eiers

225 g/8 oz/1 koppie gepoeierde suiker (superfyn).

2 oz/¼ koppie/50 g botter of margarien, gesmelt

2,5 ml/½ tl vanieljegeursel (uittreksel)

75 g/3 oz/¾ koppie gewone meel (alles)

45ml/3 e kakaopoeier (onversoete sjokolade).

2,5 ml/½ teelepel bakpoeier

'n Knippie sout

2 oz/½ koppie/50 g okkerneute, grof gekap

Klits eiers en suiker saam tot dik en romerig. Voeg die botter en vanieljegeursel by. Sif die meel, kakao, bakpoeier en sout en roer by die mengsel met die neute. Gooi in 'n goed gesmeerde vierkantige koekpan van 20 cm. Bak in voorverhitte oond van 180°C/350°F/termostaat 4 vir 40 tot 45 minute tot veerkragtig. Laat staan in die pan vir 10 minute, sny dan in blokkies en sit oor na 'n draadrak terwyl dit nog warm is.

Sjokolade Fudge Brownies

Sal omtrent 16 jaar oud wees

225 g/8 onse/1 koppie botter of margarien

175 g/6 onse/¾ koppie gegranuleerde suiker

350 g/12 oz/3 koppies selfrysende meel (self-rys)

30 ml/2 eetlepels kakaopoeier (onversoete sjokolade).

Vir die versiersel (versiersel):

175 g/6 oz/1 koppie strooisuiker (gebak), gesif

30 ml/2 eetlepels kakaopoeier (onversoete sjokolade).

Kookwater

Smelt die botter of margarien en voeg dan die strooisuiker in. Roer meel en kakao by. Druk in 'n 7 x 11 duim/18 x 28 cm-gevoerde pan. Bak in 'n voorverhitte oond van 180°C/350°F/termostaat 4 vir sowat 20 minute tot veerkragtig om aan te raak.

Om die versiersel te maak, sif die versiersuiker en kakao in 'n bak en voeg 'n druppel kookwater by. Roer tot goed gemeng, voeg 'n druppel of meer water by indien nodig. Ryp brownies terwyl dit nog warm is (maar nie warm nie), laat dan afkoel voordat dit in blokkies gesny word.

Okkerneut en sjokolade brownies

Maak 12

50 g/2 oz/½ koppie gewone sjokolade (semi-soet)

75 g/3 oz/1/3 koppie botter of margarien

225 g/8 oz/1 koppie gepoeierde suiker (superfyn).

75 g/3 oz/¾ koppie gewone meel (alles)

75 g/3 oz/¾ koppie okkerneute, gekap

50 g/2 oz/½ koppie sjokoladeskyfies

2 eiers, geklits

2,5 ml/½ tl vanieljegeursel (uittreksel)

Smelt die sjokolade en botter of margarien in 'n hittebestande bak oor 'n kastrol met water wat liggies prut. Verwyder van die hitte en roer die res van die bestanddele by. Gooi in 'n gesmeerde en gevoerde 8/20 cm-koekpan en bak in 'n voorverhitte oond van 180°C/350°F/termostaat 4 vir 30 minute totdat 'n tandestokkie wat in die middel gesteek is skoon uitkom. Laat in die pan afkoel en sny dan in blokkies.

Botterstafies

Maak 16

100 g/4 ons/½ koppie botter of margarien, saggemaak

100 g/4 ons/½ koppie gepoeierde suiker (superfyn).

1 eier, geskei

100 g/4 oz/1 koppie gewone meel (alles)

25 g/1 ons/¼ koppie gekapte gemengde neute

Meng botter of margarien en suiker tot lig en donsig. Roer die eiergeel by, roer dan die meel en okkerneute by tot die mengsel redelik ferm is. As dit te ferm is, voeg 'n bietjie melk by; indien loperig, roer nog 'n bietjie meel by. Gooi die beslag in 'n gesmeerde 30 x 20 cm/12 x 8 Switserse rolpan (rolpan). Klits die eierwitte tot skuimerig en smeer dit oor die mengsel. Bak in voorverhitte oond van 180°C/350°F/termostaat 4 vir 30 minute tot goudbruin. Laat afkoel en sny dan in skywe.

Kersie Karamel Bakplaat

Maak 12

100 g/4 oz/1 koppie amandels

8 oz/1 koppie geglasuurde kersies (versuikerde), gehalveer

8 oz/1 koppie botter of margarien, saggemaak

225 g/8 oz/1 koppie gepoeierde suiker (superfyn).

3 eiers, geklits

100 g/4 oz/1 koppie self-rysende (self-rysende) meel

50 g/2 oz/½ koppie gemaalde amandels

5ml/1 tl bakpoeier

5ml/1 tl amandelgeursel (uittreksel)

Smeer die amandels en kersies onder in 'n gesmeerde en gevoerde 20 cm-koekpan. Smelt ¼ koppie/2 ons/50 g botter of margarien met ¼ koppie/2 ons/50 g suiker, gooi dan kersies en neute oor. Klits oorblywende botter of margarien en suiker tot lig en donsig, roer dan eiers by en roer meel, gemaalde amandels, bakpoeier en amandelgeursel by. Gooi die mengsel in die vorm en maak gelyk tot bo. Bak in 'n voorverhitte oond van 160°C/325°F/termostaat 3 vir 1 uur. Laat vir 'n paar minute in die pan afkoel, keer dan versigtig om op 'n draadrak, skraap van die perkamentpapiervulsel op indien nodig. Laat heeltemal afkoel voor jy dit sny.

Sjokoladeskyfie bakplaat

Maak 24

100 g/4 ons/½ koppie botter of margarien, saggemaak

100 g/4 ons/½ koppie soet bruinsuiker

50 g/2 oz/¼ koppie strooisuiker (superfyn).

1 eier

5ml/1 tl vanieljegeursel (uittreksel)

100 g/4 oz/1 koppie gewone meel (alles)

2,5 ml/½ teelepel koeksoda (gispoeier)

'n Knippie sout

100 g/4 ons/1 koppie sjokoladeskyfies

Verroom die botter of margarien en suiker saam tot lig en donsig, voeg dan die eier en vanieljegeursel geleidelik by. Roer meel, koeksoda en sout by. Voeg die sjokolade skyfies by. Gooi in 'n gesmeerde en meelbestrooide 25 cm/12 in. vierkantige pan en bak in 'n voorverhitte oond van 190°C/375°F/termostaat 2 vir 15 minute tot goudbruin. Laat afkoel en sny dan in blokkies.

Kaneelkrummellaag

Maak 12

Vir die basis:

100 g/4 ons/½ koppie botter of margarien, saggemaak

30 ml/2 e helder heuning

2 eiers, liggies geklits

100 g/4 oz/1 koppie gewone meel (alles)

Vir die crumble:

75 g/3 oz/1/3 koppie botter of margarien

75 g/3 oz/¾ koppie gewone meel (alles)

75 g/3 oz/¾ koppie gerolde hawermout

5ml/1 tl gemaalde kaneel

50 g/2 oz/¼ koppie demerara suiker

Meng botter of margarien en heuning tot lig en donsig. Voeg die eiers bietjie vir bietjie by en voeg dan die meel by. Gooi die helfte van die mengsel in 'n gesmeerde vierkantige koekpan van 20 cm en maak die oppervlak glad.

Om broodkrummels te maak, vryf botter of margarien in meel in totdat mengsel soos broodkrummels lyk. Roer gerolde hawermout, kaneel en suiker by. Skep die helfte van die broodkrummels in die pan, bo-op met die oorblywende koekmengsel, dan die oorblywende broodkrummels. Bak in 'n voorverhitte oond van 190°C/375°F/termostaat 5 vir sowat 35 minute, totdat 'n tandestokkie wat in die middel gesit is skoon uitkom. Laat afkoel en sny dan in skywe.

Heerlike kaneelstokkies

Maak 16

225 g/8 oz/2 koppies gewone meel (alles)

10ml / 2 tl bakpoeier

225 g/8 onse/1 koppie soet bruinsuiker

15 ml / 1 eetl gesmelte botter

250 ml / 8 ons / 1 koppie melk

30ml/2 e demerara suiker

10ml/2 tl gemaalde kaneel

25 g/1 oz/2 e botter, afgekoel en in blokkies gesny

Meng meel, bakpoeier en suiker. Voeg die gesmelte botter en melk by en meng goed. Druk die mengsel in 2 vierkantige koekvorms 23 cm in deursnee (vorms). Sprinkel die bokant met demerara-suiker en kaneel en druk dan stukkies botter bo-oor. Bak in 'n voorverhitte oond van 180°C/350°F/termostaat 4 vir 30 minute. Die botter sal gate in die mengsel maak en klewerig word soos dit gaar word.

Klapperstafies

Maak 16

75 g/3 oz/1/3 koppie botter of margarien

100 g/4 oz/1 koppie gewone meel (alles)

30 ml/2 eetlepels strooisuiker (superfyn).

2 eiers

100 g/4 ons/½ koppie soet bruinsuiker

'n Knippie sout

175 g/6 oz/1½ koppie gedroogde klapper (gerasper)

50 g/2 oz/½ koppie gekapte gemengde neute

oranje glans

Vryf botter of margarien by meel in totdat mengsel soos broodkrummels lyk. Roer die suiker by en druk in 'n ongesmeerde 9/23 cm vierkantige pan. Bak in voorverhitte oond van 190°C/350°F/termostaat 4 vir 15 minute tot gestol.

Meng eiers, bruinsuiker en sout, roer dan klapper en okkerneute by en smeer oor bodem. Bak vir 20 minute tot gestol en goudbruin. Roomys met lemoenglasuur wanneer afgekoel. Sny in stawe.

Kokoskonfyt Toebroodjiestafies

Maak 16

25 g/1 oz/2 e botter of margarien

175 g/6 onse/1½ koppie selfrysende meel (self-rys)

225 g/8 oz/1 koppie gepoeierde suiker (superfyn).

2 eiergele

75 ml/5 eetlepels water

175 g/6 oz/1½ koppie gedroogde klapper (gerasper)

4 eierwitte

50 g/2 oz/½ koppie gewone meel (alles)

100 g/4 oz/1/3 koppie aarbeikonfyt (ingemaak)

Vryf die botter of margarien by die selfrysende meel in en roer dan die 50 g/¼ koppie suiker by. Klits eiergele en 3 e/45ml water saam en roer by mengsel. Druk in die bodem van 'n gesmeerde 30 x 20 cm/12 x 8-springvormpan en prik met 'n vurk. Bak in voorverhitte oond by 180°C/350°F/termostaat 4 vir 12 minute. Laat afkoel.

Gooi die klapper, die res van die suiker en water en 'n eierwit in 'n kastrol en roer oor lae hitte totdat die mengsel klonterig is sonder om te kleur. Laat afkoel. Meng gewone meel by. Klits die oorblywende eierwitte tot styf en vou dit dan by die mengsel in. Smeer die konfyt op die bodem en smeer dan die klappervulsel. Bak vir 30 minute tot goudbruin. Laat afkoel in pan voor jy dit in stafies sny.

Dadel- en Appelbak

Maak 12

1 gekookte appel (tert), geskil, ontkern en gekap

8 oz/11/3 koppies ontpitte dadels (ontpit), gekap

150 ml/¼ pt/2/3 koppie water

350 g/12 oz/3 koppies gerolde hawermout

6 onse/¾ koppie/175 g botter of margarien, gesmelt

45 ml/3 e demerara suiker

5ml/1 tl gemaalde kaneel

Plaas die appels, dadels en water in 'n kastrol en prut liggies vir sowat 5 minute totdat die appels sag is. Laat afkoel. Kombineer gerolde hawermout, botter of margarien, suiker en kaneel. Gooi die helfte in 'n gesmeerde vierkantige koekpan van 20 cm en maak die oppervlak glad. Top met die appel-en-dadelmengsel, bedek dan met die res van die hawermoutmengsel en maak die oppervlak glad. Druk liggies. Bak in voorverhitte oond van 190°C/375°F/termostaat 5 vir sowat 30 minute tot goudbruin. Laat afkoel en sny dan in skywe.

Snye dadels

Maak 12

8 oz/11/3 koppies ontpitte dadels (ontpit), gekap

30 ml/2 e helder heuning

30ml/2 e suurlemoensap

225 g/8 onse/1 koppie botter of margarien

225 g/8 onse/2 koppies volkoringmeel (volkoring).

225 g/8 oz/2 koppies gerolde hawermout

75 g/3 oz/1/3 koppie soet bruinsuiker

Prut die dadels, heuning en suurlemoensap oor lae hitte vir 'n paar minute totdat die dadels sag is. Vryf botter of margarien in meel en hawermout in totdat mengsel soos broodkrummels lyk, roer dan suiker by. Gooi die helfte van die mengsel in 'n gesmeerde en gevoerde 20cm/8 vierkantige koekpan. Gooi die dadelmengsel bo-oor en eindig dan met die res van die koekmengsel. Druk stewig vas. Bak in 'n voorverhitte oond van 190°C/375°F/termostaat 5 vir 35 minute tot veerkragtig om aan te raak. Laat afkoel in die pan, sny in skywe terwyl dit nog warm is.

Ouma se Dadelstafies

Maak 16

100 g/4 ons/½ koppie botter of margarien, saggemaak

225 g/8 onse/1 koppie soet bruinsuiker

2 eiers, liggies geklits

175 g/6 oz/1½ koppie gewone meel (alles)

2,5 ml/½ teelepel koeksoda (gispoeier)

5ml/1 tl gemaalde kaneel

'n Knippie gemaalde naeltjies

'n Knippie gerasperde neutmuskaat

175 g/6 oz/1 koppie ontpitte dadels (ontpit), gekap

Meng botter of margarien en suiker tot lig en donsig. Voeg die eiers bietjie vir bietjie by, klits goed na elke byvoeging. Roer res van bestanddele by tot goed gemeng. Gooi in 'n gesmeerde en meelbestrooide 9"/23 cm vierkantige pan en bak in 'n voorverhitte oond teen 180°C/350°F/termostaat 4 vir 25 minute totdat 'n tandestokkie wat in die middel gesteek is skoon uitkom. Laat afkoel en sny dan in skywe.

Dadel- en hawerstafies

Maak 16

175 g/6 oz/1 koppie ontpitte dadels (ontpit), gekap

15 ml / 1 eetlepel helder heuning

30ml/2 e water

225 g/8 onse/2 koppies volkoringmeel (volkoring).

100g/4oz/1 koppie gerolde hawermout

100 g/4 ons/½ koppie soet bruinsuiker

2/3 koppie/5 onse/150 g botter of margarien, gesmelt

Kook dadels, heuning en water in 'n klein kastrol tot dadels sag is. Meng meel, hawermout en suiker en roer dan gesmelte botter of margarien by. Druk helfte van mengsel in gesmeerde 7"/18 cm vierkantige koekpan, sprinkel dadelmengsel oor, bo-op dan oorblywende hawermoutmengsel en druk liggies vas. Bak in voorverhitte oond van 180°C/350°F/termostaat 4 vir 1 uur tot ferm en goudbruin. Laat in die pan afkoel, sny in repe terwyl dit nog warm is.

Dadel- en neutstafies

Maak 12

100 g/4 ons/½ koppie botter of margarien, saggemaak

150 g/5 oz/2/3 koppie gepoeierde suiker (superfyn).

1 eier, liggies geklits

100 g/4 oz/1 koppie self-rysende (self-rysende) meel

8 oz/11/3 koppies ontpitte dadels (ontpit), gekap

100 g/4 oz/1 koppie okkerneute, gekap

15 ml/1 eetlepel melk (opsioneel)

100 g/4 oz/1 koppie gewone sjokolade (semi-soet)

Meng botter of margarien en suiker tot lig en donsig. Voeg die eier in, dan die meel, dadels en neute, voeg 'n bietjie melk by as die mengsel te styf is. Gooi in 'n gesmeerde 30 x 20 cm/12 x 8-rolpan en bak in 'n voorverhitte oond van 180°C/350°F/termostaat 4 vir 30 minute tot veerkragtig. Laat afkoel.

Smelt die sjokolade in 'n hittebestande bak oor 'n kastrol met effens pruttende water. Smeer die mengsel en laat afkoel en hard word. Sny in stafies met 'n skerp mes.

Vyestawe

Maak 16

8 onse/225 g vars vye, gekap

30 ml/2 e helder heuning

15 ml / 1 eetlepel suurlemoensap

225 g/8 onse/2 koppies volkoringmeel (volkoring).

225 g/8 oz/2 koppies gerolde hawermout

225 g/8 onse/1 koppie botter of margarien

75 g/3 oz/1/3 koppie soet bruinsuiker

Prut die vye, heuning en suurlemoensap oor lae hitte vir 5 minute. Laat effens afkoel. Kombineer meel en gerolde hawermout, roer dan botter of margarien by en roer suiker by. Druk die helfte van die mengsel in 'n gesmeerde vierkantige koekpan van 20 cm en gooi dan die vyemengsel bo-oor. Bedek met res van koekmengsel en druk stewig vas. Bak in 'n voorverhitte oond van 180°C/350°F/termostaat 4 vir 30 minute tot goudbruin. Laat afkoel in die vorm en sny dan in skywe terwyl dit nog warm is.

Flapjacks

Maak 16

75 g/3 oz/1/3 koppie botter of margarien

50 g/2 oz/3 e goue stroop (ligte mielies)

100 g/4 ons/½ koppie soet bruinsuiker

175 g/6 onse/1½ koppie gerolde hawermout

Smelt die botter of margarien met die stroop en suiker en voeg dan die gerolde hawermout in. Druk in 'n gesmeerde 8/20 cm vierkantige pan en bak in 'n voorverhitte oond van 180°C/350°F/termostaat 4 vir sowat 20 minute tot ligbruin. Laat effens afkoel voordat dit in stafies gesny word, laat dan heeltemal afkoel in pan voordat dit ontvorm word.

Cherry Flapjacks

Maak 16

75 g/3 oz/1/3 koppie botter of margarien

50 g/2 oz/3 e goue stroop (ligte mielies)

100 g/4 ons/½ koppie soet bruinsuiker

175 g/6 onse/1½ koppie gerolde hawermout

100 g/4 oz/1 koppie geglasuurde kersies (versuikerde), gekap

Smelt die botter of margarien met die stroop en suiker en roer dan die gerolde hawermout en kersies by. Druk in 'n gesmeerde 8"/20cm vierkantige koekpan (bak) en bak in 'n voorverhitte 350°F/180°C/termostaat 4 oond vir sowat 20 minute tot ligbruin. Laat effens afkoel voordat dit in stafies gesny word, laat dan heeltemal afkoel in pan voordat dit ontvorm word.

Sjokolade Flapjacks

Maak 16

75 g/3 oz/1/3 koppie botter of margarien

50 g/2 oz/3 e goue stroop (ligte mielies)

100 g/4 ons/½ koppie soet bruinsuiker

175 g/6 onse/1½ koppie gerolde hawermout

100 g/4 ons/1 koppie sjokoladeskyfies

Smelt die botter of margarien met die stroop en suiker en roer dan die gerolde hawermout en sjokoladeskyfies by. Druk in 'n gesmeerde 8"/20cm vierkantige koekpan en bak in 'n voorverhitte 350°F/180°C/termostaat 4 oond vir sowat 20 minute tot ligbruin. Laat effens afkoel voordat dit in stafies gesny word, laat dan heeltemal afkoel in pan voordat dit ontvorm word.

Vrugte patties

Maak 16

75 g/3 oz/1/3 koppie botter of margarien

100 g/4 ons/½ koppie soet bruinsuiker

50 g/2 oz/3 e goue stroop (ligte mielies)

175 g/6 onse/1½ koppie gerolde hawermout

75 g/3 oz/½ koppie rosyne, rosyne of ander gedroogde vrugte

Smelt die botter of margarien saam met die suiker en stroop en roer dan die gerolde hawermout en rosyne by. Druk in 'n gesmeerde 8"/20cm vierkantige koekpan (bak) en bak in 'n voorverhitte 350°F/180°C/termostaat 4 oond vir sowat 20 minute tot ligbruin. Laat effens afkoel voordat dit in stafies gesny word, laat dan heeltemal afkoel in pan voordat dit ontvorm word.

Vrugte en neute Flapjacks

Maak 16

75 g/3 oz/1/3 koppie botter of margarien

100 g/4 oz/1/3 koppie helder heuning

50g/2oz/1/3 koppie rosyne

50 g/2 oz/½ koppie okkerneute, gekap

175 g/6 onse/1½ koppie gerolde hawermout

Smelt die botter of margarien saam met die heuning oor lae hitte. Roer rosyne, neute en hawermout by en meng goed. Gooi in 'n gesmeerde vierkantige koekpan van 23 cm deursnee en bak in 'n voorverhitte oond van 180°C/350°F/termostaat 4 vir 25 minute. Laat in die pan afkoel, sny in repe terwyl dit nog warm is.

Ginger Flapjacks

Maak 16

75 g/3 oz/1/3 koppie botter of margarien

100 g/4 ons/½ koppie soet bruinsuiker

50 g/2 oz/3 eetlepels stroop uit 'n fles gemmer

175 g/6 onse/1½ koppie gerolde hawermout

4 stukke stamgemmer, fyn gekap

Smelt die botter of margarien saam met die suiker en stroop en roer dan die gerolde hawermout en gemmer by. Druk in 'n gesmeerde 8"/20cm vierkantige koekpan en bak in 'n voorverhitte 350°F/180°C/termostaat 4 oond vir sowat 20 minute tot ligbruin. Laat effens afkoel voordat dit in stafies gesny word, laat dan heeltemal afkoel in pan voordat dit ontvorm word.

Okkerneut Flapjacks

Maak 16

75 g/3 oz/1/3 koppie botter of margarien

50 g/2 oz/3 e goue stroop (ligte mielies)

100 g/4 ons/½ koppie soet bruinsuiker

175 g/6 onse/1½ koppie gerolde hawermout

100 g/4 oz/1 koppie gekapte gemengde neute

Smelt die botter of margarien saam met die stroop en suiker en roer dan die gerolde hawermout en neute by. Druk in 'n gesmeerde 8"/20cm vierkantige koekpan en bak in 'n voorverhitte 350°F/180°C/termostaat 4 oond vir sowat 20 minute tot ligbruin. Laat effens afkoel voordat dit in stafies gesny word, laat dan heeltemal afkoel in pan voordat dit ontvorm word.

Bros suurlemoenbotterkoekies

Maak 16

100 g/4 oz/1 koppie gewone meel (alles)

100 g/4 ons/½ koppie botter of margarien, saggemaak

75 g/3 oz/½ koppie versiersuiker (gebak), gesif

2,5 ml/½ teelepel bakpoeier

'n Knippie sout

30ml/2 e suurlemoensap

10ml/2 tl gerasperde suurlemoenskil

Meng meel, botter of margarien, versiersuiker en bakpoeier. Druk in 'n gesmeerde 9"/23 cm vierkantige koekpan (pan) en bak in 'n voorverhitte 350°F/180°C/termostaat 4 oond vir 20 minute.

Kombineer res van bestanddele en klits tot lig en donsig. Gooi die warm aftreksel oor, verlaag die oondtemperatuur tot 160°C/325°F/termostaat 3 en keer terug na die oond vir nog 25 minute totdat dit veerkragtig voel. Laat afkoel en sny dan in blokkies.

Suede en klapper teëls

Maak 20

1 eier

100 g/4 ons/½ koppie gepoeierde suiker (superfyn).

100 g/4 oz/1 koppie gewone meel (alles)

10ml / 2 tl bakpoeier

'n Knippie sout

75 ml/5 eetlepels melk

75 g/3 oz/1/3 koppie botter of margarien, gesmelt

15 ml/1 eetlepel kakaopoeier (onversoete sjokolade).

2,5 ml/½ tl vanieljegeursel (uittreksel)

Vir garnering:

75 g/3 oz/½ koppie versiersuiker (gebak), gesif

2 oz/¼ koppie/50 g botter of margarien, gesmelt

45 ml/3 e warm sterk swart koffie

15 ml/1 eetlepel kakaopoeier (onversoete sjokolade).

2,5 ml/½ tl vanieljegeursel (uittreksel)

25 g/1 ons/¼ koppie gedroogde klapper (gerasper)

Klits eiers en suiker saam tot lig en donsig. Voeg die meel, bakpoeier en sout om die beurt met die melk en gesmelte botter of margarien by. Voeg kakao en vanieljegeursel by. Gooi die mengsel in 'n gesmeerde 8"/20cm vierkantige koekpan en bak in 'n voorverhitte 200°C/400°F/termostaat 6-oond vir 15 minute tot goed opgepof en veerkragtig om aan te raak.

Om die vulsel te maak, kombineer versiersuiker, botter of margarien, koffie, kakao en vanieljegeursel. Smeer oor warm koek en sprinkel klapper oor. Laat in die pan afkoel, ontvorm dan en sny in blokkies.

Hallo Dolly Koekies

Maak 16

100 g/4 ons/½ koppie botter of margarien

100 g/4 oz/1 koppie digestive beskuitjies

(graham kraker krummels

100 g/4 ons/1 koppie sjokoladeskyfies

100 g/4 ons/1 koppie gedroogde klapper (gerasper)

100 g/4 oz/1 koppie okkerneute, gekap

400g/14 ons/1 groot blikkie kondensmelk

Smelt die botter of margarien en roer die koekiekrummels by. Druk die mengsel onder in 'n gesmeerde en met foelie gevoerde broodpan van 28 x 18 cm/11 x 7. Sprinkel die sjokoladestukke, dan die klapper en laastens die okkerneute. Giet die kondensmelk oor en bak in 'n voorverhitte oond van 180°C/350°F/termostaat 4 vir 25 minute. Sny in skywe terwyl dit nog warm is en laat heeltemal afkoel.

Kokos- en sjokoladestafies

Maak 12

75 g/3 oz/¾ koppie melksjokolade

75 g/3 oz/¾ koppie gewone sjokolade (semi-soet)

75 g/3 oz/1/3 koppie knapperige grondboontjiebotter

3 oz / ¾ koppie / 75 g spysverteringstelsel koekie krummels (graham crackers)

3 oz/¾ koppie okkerneute, fyngemaak

75 g/3 oz/¾ koppie gedroogde klapper (gerasper)

75 g/3 oz/¾ koppie wit sjokolade

Smelt die melksjokolade in 'n hittebestande bak oor 'n kastrol met effens pruttende water. Smeer onder in 'n vierkantige koekpan van 23 cm in deursnee en laat hard word.

Smelt die donkersjokolade en grondboontjiebotter liggies oor lae hitte en roer dan die koekiekrummels, neute en klapper by. Smeer oor geharde sjokolade en verkoel tot verhard.

Smelt die witsjokolade in 'n hittebestande bak oor 'n kastrol met effens pruttende water. Bedruip koekies in 'n patroon en laat hard word voordat dit in stafies gesny word.

Hazelnoot bokse

Maak 12

75 g/3 oz/¾ koppie gewone sjokolade (semi-soet)

2 oz/¼ koppie/50 g botter of margarien

100 g/4 ons/½ koppie gepoeierde suiker (superfyn).

2 eiers

5ml/1 tl vanieljegeursel (uittreksel)

75 g/3 oz/¾ koppie gewone meel (alles)

2,5 ml/½ teelepel bakpoeier

100 g/4 oz/1 koppie gekapte gemengde neute

Smelt die sjokolade in 'n hittebestande bak oor 'n kastrol met effens pruttende water. Roer botter by tot gesmelt, roer dan suiker by. Verwyder van die hitte en roer die eiers en vanielje-ekstrak by. Roer meel, bakpoeier en neute by. Gooi die mengsel in 'n gesmeerde 25cm/10 vierkante koekpan en bak in 'n voorverhitte oond van 180°C/350°F/termostaat 4 vir 15 minute tot goudbruin. Sny in klein blokkies terwyl dit nog warm is.

Skywe lemoenpekanneute

Maak 16

375 g/13 oz/3¼ koppies gewone meel (alles)

275 g/10 onse/1¼ koppies gepoeierde suiker (superfyn).

5ml/1 tl bakpoeier

75 g/3 oz/1/3 koppie botter of margarien

2 eiers, geklits

175 ml/6 fl oz/¾ koppie melk

1 klein blik/7 onse/200 g mandaryne, gedreineer en grof gekap

100 g/4 oz/1 koppie pekanneute, gekap

Fyn gerasperde skil van 2 lemoene

10ml/2 tl gemaalde kaneel

Meng 3 koppies/12 oz/325 g meel, 1 koppie/8 oz/225 g suiker en bakpoeier. Smelt ¼ koppie/2 ons/50 g botter of margarien en roer eiers en melk by. Meng die vloeistof liggies by die droë bestanddele tot glad. Roer die mandaryne, pekanneute en lemoenskil by. Gooi in 'n gesmeerde en gevoerde 12 x 8 duim/30 x 20 cm pan. Vryf res van meel, suiker, botter en kaneel saam en sprinkel oor koek. Bak in voorverhitte oond van 180°C/350°F/termostaat 4 vir 40 minute tot goudbruin. Laat in die pan afkoel en sny dan in sowat 16 skywe.

Die park

Maak 16 vierkante

100 g/4 ons/½ koppie varkvet (verkorting)

100 g/4 ons/½ koppie botter of margarien

75 g/3 oz/1/3 koppie soet bruinsuiker

100 g/4 oz/1/3 koppie goue stroop (ligte mielies)

100 g/4 oz/1/3 koppie donkerstroop (melasse)

10ml/2 tl koeksoda (gispoeier)

150 ml/¼ pt/2/3 koppie melk

225 g/8 onse/2 koppies volkoringmeel (volkoring).

225 g/8 oz/2 koppies gerolde hawermout

10ml/2 tl gemaalde gemmer

2,5 ml/½ teelepel sout

Smelt die varkvet, botter of margarien, suiker, stroop en stroop in 'n kastrol. Los die koeksoda in die melk op en roer by die kastrol saam met die res van die bestanddele. Gooi in 'n gesmeerde en gevoerde 8"/20 cm vierkantige koekpan en bak in 'n voorverhitte 325°F/160°C/termostaat 3-oond vir 1 uur tot gestol. Dit kan in die middel sak. Laat afkoel, bêre dan vir 'n paar dae in 'n lugdigte houer voor dit in skywe gesny en bedien word.

grondboontjiebotterstafies

Maak 16

100 g/4 oz/1 koppie botter of margarien

175 g/6 onse/1¼ koppie gewone meel (alles)

175 g/6 onse/¾ koppie soet bruinsuiker

75 g/3 oz/1/3 koppie grondboontjiebotter

'n Knippie sout

1 klein eiergeel, geklits

2,5 ml/½ tl vanieljegeursel (uittreksel)

100 g/4 oz/1 koppie gewone sjokolade (semi-soet)

2 oz/50 g gepofte rysvlokkies

Vryf botter of margarien by meel in totdat mengsel soos broodkrummels lyk. Roer suiker, 2 e/30ml grondboontjiebotter en sout by. Voeg eiergeel en vanieljegeursel by en meng tot goed gemeng. Druk in 'n 25 cm/10 duim vierkantige koekpan (pan). Bak in 'n voorverhitte oond van 160°C/325°F/termostaat 3 vir 30 minute tot opgepof en veerkragtig om aan te raak.

Smelt die sjokolade in 'n hittebestande bak oor 'n kastrol met effens pruttende water. Verwyder van hitte en roer oorblywende grondboontjiebotter by. Roer graan by en meng goed tot bedek met sjokolademengsel. Gooi oor die koek en maak die oppervlak glad. Laat afkoel, verkoel dan en sny in repe.

Piekniekborde

Maak 12

225 g/8 oz/2 koppies gewone (semi-soet) sjokolade

2 oz/¼ koppie/50 g botter of margarien, saggemaak

100 g/4 ons/½ koppie gegranuleerde suiker

1 eier, liggies geklits

100 g/4 ons/1 koppie gedroogde klapper (gerasper)

50g/2oz/1/3 koppie rosyne (goue rosyne)

2 oz/50 g/¼ koppie geglasuurde kersies (versuikerde), gekap

Smelt die sjokolade in 'n hittebestande bak oor 'n kastrol met effens pruttende water. Gooi in die bodem van 'n gesmeerde en gevoerde 30 x 20 cm / 12 x 8 Swiss Roll-vorm. Meng botter of margarien en suiker tot lig en donsig. Voeg die eier bietjie vir bietjie by en roer dan die klapper, rosyne en kersies by. Smeer oor die sjokolade en bak in 'n voorverhitte oond van 150°C/300°F/termostaat 3 vir 30 minute tot goudbruin. Laat afkoel en sny dan in skywe.

Pynappel en klapper is bedien

Maak 20

1 eier

100 g/4 ons/½ koppie gepoeierde suiker (superfyn).

75 g/3 oz/¾ koppie gewone meel (alles)

5ml/1 tl bakpoeier

'n Knippie sout

75 ml/5 eetlepels water

Vir garnering:

200g/7 ons/1 klein blikkie pynappel, gedreineer en gekap

25 g/1 oz/2 e botter of margarien

50 g/2 oz/¼ koppie strooisuiker (superfyn).

1 eiergeel

25 g/1 ons/¼ koppie gedroogde klapper (gerasper)

5ml/1 tl vanieljegeursel (uittreksel)

Klits die eiers en suiker saam tot lig en bleek. Voeg die meel, bakpoeier en sout om die beurt met die water by. Gooi in 'n gesmeerde en meelbestrooide 18cm/7" vierkantige koekpan en bak in 'n voorverhitte oond van 200°C/400°F/termostaat 6 vir 20 minute tot goed opgepof en veerkragtig om aan te raak. Plaas die pynappel op die warm koek. Verhit die oorblywende vulselbestanddele in 'n klein kastrol oor lae hitte, terwyl aanhoudend geroer word, tot goed gemeng, maar moenie toelaat dat die mengsel kook nie. Gooi oor die pynappel en plaas die koek terug in die oond vir nog 5 minute totdat die bolaag goudbruin is. Laat vir 10 minute in die pan afkoel,

Pruimgiskoek

Maak 16

15 g/½ ons vars gis of 20 ml/4 tl droë gis

50 g/2 oz/¼ koppie strooisuiker (superfyn).

¼ pt/150 ml/2/3 koppie warm melk

2 oz/¼ koppie/50 g botter of margarien, gesmelt

1 eier

1 eiergeel

2¼ koppies/9 oz/250 g gewone meel (alles)

5ml/1 tl fyn gerasperde suurlemoenskil

1½ lb/675 g pruime, in kwarte en ontpit (ontpit)

Versiersuiker, gesif, vir afstof

Fyngemaalde kaneel

Meng die gis met 5ml/1 tl suiker en 'n bietjie warm melk en laat staan op 'n warm plek vir 20 minute tot skuimerig. Klits die oorblywende suiker en melk saam met die gesmelte botter of margarien, eier en geel. Meng die meel en suurlemoenskil in 'n bak en maak 'n holte in die middel. Roer gismengsel en eiermengsel geleidelik by tot 'n sagte deeg. Klits totdat die beslag baie glad is en borrels op die oppervlak begin vorm. Druk liggies in 'n gesmeerde en meelbestrooide 25 cm/10" vierkantige koekpan (vorm). Plaas die pruime styf op die deeg. Bedek met geoliede plastiek wrap (plastiek wrap) en laat rys op 'n warm plek vir 1 uur tot dubbel die grootte. Bak in 'n voorverhitte oond van 200°C/400°F/termostaat 6, verlaag dan dadelik die oondtemperatuur tot 190°C/375°F/termostaat 5 en kook vir 45 minute. Verlaag die oondtemperatuur weer tot 180°C/350°F/termostaat 4 en bak vir nog 15 minute tot goudbruin. Sprinkel die koek met gepoeierde suiker en kaneel terwyl dit nog warm is, laat dit afkoel en sny dit in blokkies.

Amerikaanse pampoenstafies

Maak 20

2 eiers

175 g/6 onse/¾ koppie gepoeierde suiker (superfyn).

120 ml/4 oz/½ koppie olie

225 g/8 oz gekookte pampoen in blokkies gesny

100 g/4 oz/1 koppie gewone meel (alles)

5ml/1 tl bakpoeier

5ml/1 tl gemaalde kaneel

2,5 ml/½ teelepel koeksoda (gispoeier)

50g/2oz/1/3 koppie rosyne (goue rosyne)

Roomkaas ryp

Klits die eiers lig en skuimerig, roer dan die suiker en olie by en roer die pampoen by. Klits meel, bakpoeier, kaneel en koeksoda tot goed gemeng. Raak die sultans aan. Gooi die mengsel in 'n gesmeerde en meelbestrooide 30 x 20 cm/12 x 8-rolpan en bak in 'n voorverhitte 180°C/350°F/termostaat 4-oond vir 30 minute totdat 'n tand wat in die middel geplaas is, skoon skoon lente uitkom. Laat afkoel, smeer dan met roomkaasryp en sny in repe.

Kweeper- en amandelstafies

Maak 16

450g/1lb kweper

50 g/2 ons/¼ koppie varkvet (verkorting)

2 oz/¼ koppie/50 g botter of margarien

100 g/4 oz/1 koppie gewone meel (alles)

30 ml/2 eetlepels strooisuiker (superfyn).

Ongeveer 30 ml / 2 eetlepels water

Vir die vulsel:

75 g/3 oz/1/3 koppie botter of margarien, saggemaak

100 g/4 ons/½ koppie gepoeierde suiker (superfyn).

2 eiers

'n Paar druppels amandelgeursel (uittreksel)

100 g/4 oz/1 koppie gemaalde amandels

25 g/1 ons/¼ koppie gewone meel (alles)

50 g/2 oz/½ koppie gesnyde amandels

Skil, saad en maak die kwepers fyn. Sit in kastrol en bedek net met water. Bring tot kookpunt en prut vir sowat 15 minute tot sag. Dreineer oortollige water.

Vryf varkvet en botter of margarien in meel in totdat mengsel soos broodkrummels lyk. Roer die suiker by. Voeg net genoeg water by om 'n sagte deeg te maak, rol dan uit op 'n oppervlak wat liggies met meel bestrooi is en gebruik om die bodem en kante van 'n 30 x 20 cm/12 x 8 Switserse rolpanvurk uit te voer. Rangskik die kwepers op die deeg met 'n gaatjieslepel.

Meng die botter of margarien en die suiker en voeg dan die eiers en die amandelgeursel geleidelik in. Voeg die gemaalde amandels en meel in en gooi oor die kwepers. Sprinkel die gesnyde amandels bo-oor en bak in 'n voorverhitte oond van 180°C/350°F/termostaat 4 vir 45 minute tot ferm en goudbruin. Sny in blokkies sodra dit afgekoel het.

Rosyntjiestafies

Maak 12

175 g/6 onse/1 koppie rosyne

250ml/8oz/1 koppie water

75 ml/5 eetlepels olie

225 g/8 oz/1 koppie gepoeierde suiker (superfyn).

1 eier, liggies geklits

200 g/7 oz/1¾ koppie gewone meel (alles)

1,5 ml/¼ tl sout

5ml/1 tl koeksoda (gispoeier)

5ml/1 tl gemaalde kaneel

2,5 ml/½ teelepel gerasperde neutmuskaat

2,5 ml/½ teelepel gemaalde wonderpeper

'n Knippie gemaalde naeltjies

50 g/2 oz/½ koppie sjokoladeskyfies

50 g/2 oz/½ koppie okkerneute, gekap

2 e/30ml versiersuiker (deeg) gesif

Kook die rosyne en water, voeg dan die olie by, verwyder van die hitte en laat effens afkoel. Roer korrelsuiker en eiers by. Meng meel, sout, koeksoda en speserye. Gooi met rosyntjiemengsel, roer dan sjokoladeskyfies en neute by. Giet in 'n gesmeerde 12"/30 cm vierkantige koekpan en bak in 'n voorverhitte oond van 375°F/190°C/termostaat 5 vir 25 minute totdat die koek van die kante van die pan begin krimp. Laat afkoel voordat jy met versiersuiker bestrooi en in repe sny.

Hawermoutblokkies met frambose

Maak 12

175 g/6 onse/¾ koppie botter of margarien

225 g/8 oz/2 koppies selfrysende meel (self-rys)

5ml/1 tl sout

175 g/6 onse/1½ koppie gerolde hawermout

175 g/6 onse/¾ koppie gepoeierde suiker (superfyn).

11 onse/300 g blikkie medium frambose, gedreineer

Vryf die botter of margarien by die meel en sout in en roer dan die gerolde hawermout en suiker by. Druk die helfte van die mengsel in 'n gesmeerde 10/25 cm vierkantige pan. Strooi die frambose bo-oor en bedek met die res van die mengsel, druk stewig vas. Bak in 'n voorverhitte oond by 200°C/400°F/termostaat 6 vir 20 minute. Laat effens afkoel in pan voor jy in blokkies sny.

Shortbread Kaneel Meringues

Maak 24

75 g/3 oz/½ koppie versiersuiker (gebak), gesif

100 g/4 oz/1 koppie gewone meel (alles)

100 g/4 ons/½ koppie botter of margarien, saggemaak

1 eier

225 g/8 oz/2/3 koppie konfyt (ingemaakte vrugte)

2 eierwitte

100 g/4 ons/½ koppie gepoeierde suiker (superfyn).

2,5 ml/½ teelepel gemaalde kaneel

Meng versiersuiker, meel, botter of margarien en eiers. Druk die mengsel in die bodem van 'n gesmeerde vierkantige koekpan van 25 cm deursnee en bak in 'n voorverhitte oond van 180°C/350°F/termostaat 4 vir 10 minute. Haal uit die oond en smeer die konfyt daaroor. Klits eierwitte tot sagte punte vorm, roer dan korrelsuiker en kaneel by tot styf en glansend. Smeer die konfyt bo-oor en sit terug in die oond vir 25 minute tot goudbruin. Laat afkoel en sny dan in blokkies.

Ryp Ryp Ryp

Genoeg om 'n 8"/20cm koek te bedek

2/3 koppie/4 onse/100 g strooisuiker (gebak), gesif

25–30 ml/1½–2 e water

'n Paar druppels voedselkleursel (opsioneel)

Gooi die suiker in 'n bak en meng bietjie vir bietjie met die water tot die glans glad is. Kleur met 'n paar druppels voedselkleursel, indien verkies. Ryp sal ondeursigtig wees as dit op koue koekies gesmeer word of deurskynend as dit op warm koekies gesmeer word.

Yskoffie Frosting

Genoeg om 'n 8"/20cm koek te bedek

2/3 koppie/4 onse/100 g strooisuiker (gebak), gesif

25–30 ml/1½–2 e baie sterk swart koffie

Gooi die suiker in 'n bak en roer die koffie bietjie vir bietjie by tot die glans glad is.

Suurlemoenglasuur

Genoeg om 'n 8"/20cm koek te bedek

2/3 koppie/4 onse/100 g strooisuiker (gebak), gesif

25–30 ml/1½–2 e suurlemoensap

Fyn gerasperde skil van 1 suurlemoen

Gooi die suiker in 'n bak en meng die suurlemoensap en -skil bietjie vir bietjie tot die glans glad is.

Oranje Glaze Frosting

Genoeg om 'n 8"/20cm koek te bedek

2/3 koppie/4 onse/100 g strooisuiker (gebak), gesif

25–30 ml/1½–2 e lemoensap

fyn gerasperde skil van 1 lemoen

Gooi die suiker in 'n bak en roer die lemoensap en -skil bietjie vir bietjie by totdat die glans glad is.

Ys Rum Frosting

Genoeg om 'n 8"/20cm koek te bedek

2/3 koppie/4 onse/100 g strooisuiker (gebak), gesif

25–30 ml/1½–2 e rum

Sit die suiker in 'n bak en roer die rum bietjie vir bietjie by totdat die glans glad is.

Bevrore Vanilla Frosting

Genoeg om 'n 8"/20cm koek te bedek

2/3 koppie/4 onse/100 g strooisuiker (gebak), gesif

25 ml/1½ eetlepel water

'n Paar druppels vanieljegeursel (uittreksel)

Gooi die suiker in 'n bak en meng die water en vanieljegeursel geleidelik totdat die ryp glad is.

Gekookte sjokolade glans

Genoeg om 'n 9"/23 cm-koek te bedek

275 g/10 onse/1¼ koppies gepoeierde suiker (superfyn).

100 g/4 oz/1 koppie gewone sjokolade (semi-soet)

50 g/2 oz/¼ koppie kakaopoeier (onversoete sjokolade)

120ml/4oz/½ koppie water

Bring al die bestanddele tot kookpunt, roer tot goed gemeng. Kook oor matige hitte tot 108°C/220°F of tot 'n lang tou vorm wanneer tussen twee teelepels getrek word. Gooi in 'n wye bak en klits tot dik en glansend.

Sjokolade-klapper vulsel

Genoeg om 'n 9"/23 cm-koek te bedek

175 g/6 oz/1½ koppie gewone sjokolade (semi-soet)

90ml/6 eetlepels kookwater

225 g/8 oz/2 koppies gedroogde klapper (gerasper)

Druk die sjokolade en water in 'n blender of voedselverwerker, voeg dan die klapper by en meng tot glad. Sprinkel die nog warm gewone koekies oor.

Fudge bolaag

Genoeg om 'n 9"/23 cm-koek te bedek

2 oz/¼ koppie/50 g botter of margarien

45ml/3 e kakaopoeier (onversoete sjokolade).

60 ml/4 eetlepels melk

2½ koppies/15 onse/425 g versiersuiker (gebak), gesif

5ml/1 tl vanieljegeursel (uittreksel)

Smelt die botter of margarien in 'n klein kastrol en roer dan die kakao en melk by. Bring tot kookpunt, roer aanhoudend en verwyder dan van hitte. Voeg suiker en vanieljegeursel geleidelik by en klits tot glad.

Soet roomkaasvulsel

Genoeg om 'n 12"/30cm koek te bedek

100 g/4 ons/½ koppie roomkaas

25 g/1 ons/2 e botter of margarien, saggemaak

2 koppies/12 onse/350 g gepoeierde suiker (gebak), gesif

5ml/1 tl vanieljegeursel (uittreksel)

30 ml/2 eetlepels helder heuning (opsioneel)

Klits roomkaas en botter of margarien saam tot lig en donsig. Roer suiker en vanieljegeursel geleidelik by tot glad. Versoet met 'n bietjie heuning indien verkies.

Amerikaanse fluweelryp

Genoeg om twee 9"/23 cm-koeke te bedek

175 g/6 oz/1½ koppie gewone sjokolade (semi-soet)

120 ml / 4 fl oz / ½ koppie suurroom (melksuur)

5ml/1 tl vanieljegeursel (uittreksel)

'n Knippie sout

400 g/14 onse/21/3 koppies versiersuiker (gebak), gesif

Smelt die sjokolade in 'n hittebestande bak oor 'n kastrol met effens pruttende water. Verwyder van die hitte en roer die room, vanielje-ekstrak en sout by. Roer suiker geleidelik by tot glad.

botterroomryp

Genoeg om 'n 9"/23 cm-koek te bedek

2 oz/¼ koppie/50 g botter of margarien, saggemaak

250 g/9 oz/1½ koppies gepoeierde suiker (gebak), gesif

5ml/1 tl vanieljegeursel (uittreksel)

30 ml/2 e enkelroom (lig)

Room botter of margarien tot sag, roer dan suiker, vanieljegeursel en room geleidelik by tot glad en romerig.

Karamelryp

Genoeg om 'n 9"/23 cm-koek te vul en te bedek

100 g/4 ons/½ koppie botter of margarien

225 g/8 onse/1 koppie soet bruinsuiker

60 ml/4 eetlepels melk

2 koppies/12 onse/350 g gepoeierde suiker (gebak), gesif

Smelt botter of margarien en suiker oor lae hitte, terwyl aanhoudend geroer word, tot gemeng. Voeg die melk by en laat kook. Verwyder van hitte en laat afkoel. Klits die versiersuiker totdat jy 'n smeerkonsekwentheid het.

Suurlemoenglasuur

Genoeg om 'n 9"/23 cm-koek te bedek

25 g/1 oz/2 e botter of margarien

5ml/1 teelepel gerasperde suurlemoenskil

30ml/2 e suurlemoensap

250 g/9 oz/1½ koppies gepoeierde suiker (gebak), gesif

Meng botter of margarien en suurlemoenskil tot lig en donsig. Roer suurlemoensap en suiker geleidelik by tot glad.

Koffie Botterroom Frosting

Genoeg om 'n 9"/23 cm-koek te vul en te bedek

1 eierwit

75 g/3 oz/1/3 koppie botter of margarien, saggemaak

30ml/2 e warm melk

5ml/1 tl vanieljegeursel (uittreksel)

15 ml/1 eetlepel kitskoffiekorrels

'n Knippie sout

2 koppies/12 onse/350 g versiersuiker (gebak), gesif

Meng die eierwitte, botter of margarien, warm melk, vanieljegeursel, koffie en sout. Roer poeiersuiker geleidelik by tot glad.

Lady Baltimore Frosting

Genoeg om 'n 9"/23 cm-koek te vul en te bedek

1/3 koppie/2 ons/50 g rosyne, gekap

2 oz/50 g/¼ koppie geglasuurde kersies (versuikerde), gekap

2 oz/½ koppie/50 g pekanneute, gekap

25 g/1 oz/3 e gedroogde vye, gekap

2 eierwitte

350 g/12 ons/1½ koppies gepoeierde suiker (superfyn).

'n Knippie kremetart

75 ml/5 eetl koue water

'n Knippie sout

5ml/1 tl vanieljegeursel (uittreksel)

Kombineer rosyne, kersies, okkerneute en vye. Klits die eierwitte, suiker, kremetart, water en sout in 'n hittebestande bak oor 'n kastrol met liggies prutende water vir sowat 5 minute tot verdik, ferm pieke. Verwyder van die hitte en roer die vanieljegeursel by. Meng die vrugte in een derde van die ryp en gebruik dit om die koek te vul, en smeer dan die res oor die bokant en kante van die koek.

wit versiersel

Genoeg om 'n 9"/23 cm-koek te bedek

225 g/8 ons/1 koppie strooisuiker

1 eierwit

30ml/2 e water

15 ml/1 e goue stroop (ligte mielies)

Klits suiker, eierwitte en water saam in 'n hittebestande bak oor 'n kastrol met water wat liggies prut. Hou aan klits vir tot 10 minute totdat die mengsel verdik en stywe pieke vorm. Verwyder van die hitte en voeg die stroop by. Hou aan klits totdat jy 'n breë konsekwentheid kry.

Romerige wit versiersel

Genoeg om 'n 9"/23 cm-koek te vul en te bedek

75 ml/5 e enkelroom (lig)

5ml/1 tl vanieljegeursel (uittreksel)

75 g/3 oz/1/3 koppie roomkaas

2 tl/10ml botter of margarien, saggemaak

'n Knippie sout

2 koppies/12 onse/350 g gepoeierde suiker (gebak), gesif

Meng room, vanieljegeursel, roomkaas, botter of margarien en sout om 'n gladde pasta te verkry. Roer poeiersuiker geleidelik by tot glad.

donserige wit versiersel

Genoeg om 'n 9"/23 cm-koek te vul en te bedek

2 eierwitte

350 g/12 ons/1½ koppies gepoeierde suiker (superfyn).

'n Knippie kremetart

75 ml/5 eetl koue water

'n Knippie sout

5ml/1 tl vanieljegeursel (uittreksel)

Klits eierwitte, suiker, kremetart, water en sout saam in 'n hittebestande bak wat oor 'n kastrol liggies prutende water gesit is vir sowat 5 minute tot gekombineerde ferm punte. Verwyder van die hitte en roer die vanieljegeursel by. Gebruik om die koek toe te vou en smeer dan die res oor die bokant en kante van die koek.

bruinsuiker glans

Genoeg om 'n 9"/23 cm-koek te bedek

225 g/8 onse/1 koppie soet bruinsuiker

1 eierwit

30ml/2 e water

5ml/1 tl vanieljegeursel (uittreksel)

Klits suiker, eierwitte en water saam in 'n hittebestande bak oor 'n kastrol met water wat liggies prut. Hou aan klits vir tot 10 minute totdat die mengsel verdik en stywe pieke vorm. Verwyder van die hitte en voeg die vanieljegeursel by. Hou aan klits totdat jy 'n breë konsekwentheid kry.

Vanielje Botterroom Frosting

Genoeg om 'n 9"/23 cm-koek te vul en te bedek

1 eierwit

75 g/3 oz/1/3 koppie botter of margarien, saggemaak

30ml/2 e warm melk

5ml/1 tl vanieljegeursel (uittreksel)

'n Knippie sout

2 koppies/12 onse/350 g versiersuiker (gebak), gesif

Meng eierwitte, botter of margarien, warm melk, vanieljegeursel en sout. Roer poeiersuiker geleidelik by tot glad.

vanielje room

Lewer 1 qt./2½ koppies/600 ml

100 g/4 ons/½ koppie gepoeierde suiker (superfyn).

50 g/2 oz/¼ koppie mieliemeel (mieliesstysel)

4 eiergele

600 ml/1 pt/2½ koppies melk

1 vanieljepeul (stokkie)

Versiersuiker, gesif, vir afstof

Klits die helfte van die suiker saam met die mieliemeel en eiergele tot goed gemeng. Kook die res van die suiker en melk saam met die vanieljepeul. Klits die suikermengsel by die warm melk en laat dit dan weer kook, terwyl aanhoudend klits, vir 3 minute tot verdik. Gooi in 'n bak, strooi versiersuiker oor om te verhoed dat 'n vel vorm en laat afkoel. Klits weer voor gebruik.

Vlavulsel

Genoeg om 'n 9"/23 cm-koek te vul

325 ml/11 onse/11/3 koppies melk

45 ml/3 e mielieblom (mieliestysel)

60 g/2½ ons/1/3 koppie gepoeierde suiker (superfyn).

1 eier

15ml/1 e botter of margarien

5ml/1 tl vanieljegeursel (uittreksel)

Meng 30 ml/2 eetlepels melk met die mieliemeel, suiker en eiers. Kook die oorblywende melk tot net onder kookpunt in 'n klein kastrol. Roer die warm melk geleidelik by die eiermengsel. Spoel die pan af, gooi dan die mengsel in die pan en roer oor lae hitte totdat dit verdik. Voeg botter of margarien en vanieljegeursel by. Bedek met gesmeerde perkamentpapier (gewas) en laat afkoel.

Deense roomvulsel

Lewer 1¼ koppies/750ml

2 eiers

50 g/2 oz/¼ koppie strooisuiker (superfyn).

50 g/2 oz/½ koppie gewone meel (alles)

600 ml/1 pt/2½ koppies melk

¼ vanieljepeul (peul)

Klits eiers en suiker saam tot verdik. Voeg die meel geleidelik by. Kook die melk en die vanieljepeul. Verwyder die vanieljepeul en roer die melk by die eiermengsel. Keer terug in kastrol en prut liggies vir 2-3 minute terwyl jy aanhoudend roer. Laat afkoel voor gebruik.

Ryk Deense vlavulsel

Lewer 1¼ koppies/750ml

4 eiergele

30ml/2 eetlepels korrelsuiker

25 ml/1½ eetlepel gewone meel (alles)

10ml / 2 tl aartappelstysel

450 ml/¾ pt/2 koppies vloeibare room (lig)

'n Paar druppels vanieljegeursel (uittreksel)

¼ pt/2/3 koppie/150 ml dubbel (swaar) room, geklop

Meng eiergele, suiker, meel en room in 'n kastrol. Klits oor matige hitte totdat mengsel begin verdik. Voeg die vanieljegeursel by en laat afkoel. Roer geklopte room by.

Vla

Lewer 1¼ koppie/½ pt/300 ml

2 eiers, geskei

45 ml/3 e mielieblom (mieliestysel)

300 ml/½ pt/1¼ koppie melk

'n Paar druppels vanieljegeursel (uittreksel)

50 g/2 oz/¼ koppie strooisuiker (superfyn).

Meng eiergele, mieliemeel en melk in 'n klein kastrol tot goed gemeng. Bring tot kookpunt oor medium-hoë hitte en prut vir 2 minute terwyl jy aanhoudend roer. Voeg die vanieljegeursel by en laat afkoel.

Klits die eierwitte tot styf, voeg dan die helfte van die suiker by en klits weer tot stywe punte vorm. Roer die res van die suiker by. Klits roommengsel by en verkoel tot gereed om te gebruik.

Gemmerroomvulsel

Genoeg om 'n 9"/23 cm-koek te vul

100 g/4 ons/½ koppie botter of margarien, saggemaak

450 g/1 lb/22/3 koppies versiersuiker (gebak), gesif

5ml/1 tl gemaalde gemmer

30 ml/2 e melk

75 g/3 oz/¼ koppie donker stroop (melasse)

Klits botter of margarien met suiker en gemmer tot lig en romerig. Roer melk en stroop geleidelik by tot glad en smeerbaar. As die vulsel te dun is, voeg 'n bietjie meer suiker by.

Suurlemoen garnering

Lewer 8 fl oz/1 koppie/250 ml

100 g/4 ons/½ koppie gepoeierde suiker (superfyn).

30 ml/2 e mielieblom (mieliesstysel)

60ml/4 e suurlemoensap

15 ml / 1 eetlepel gerasperde suurlemoenskil

120ml/4oz/½ koppie water

'n Knippie sout

15ml/1 e botter of margarien

Meng al die bestanddele behalwe botter of margarien in 'n klein kastrol oor lae hitte, roer liggies tot goed gemeng. Bring tot kookpunt en kook vir 1 minuut. Roer botter of margarien by en laat afkoel. Verkoel voor gebruik.

Sjokolade versiersel

Genoeg om 'n 10"/25 cm-koek te ryp

2 oz/½ koppie/50 g gewone (semi-soet) sjokolade, gekap

2 oz/¼ koppie/50 g botter of margarien

2,5 ml/½ tl vanieljegeursel (uittreksel)

75ml/5 eetlepels kookwater

2 koppies/12 onse/350 g gepoeierde suiker (gebak), gesif

Meng al die bestanddele in 'n blender of voedselverwerker tot glad, druk bestanddele in soos nodig. Gebruik dadelik.

vrugtekoek ryp

Genoeg om 'n 10"/25 cm-koek te ryp

75 ml/5 e goue stroop (ligte mielies)

60 ml/4 e pynappel- of lemoensap

Meng stroop en sap in 'n klein kastrol en bring tot kookpunt. Verwyder van hitte en smeer die mengsel oor die bokant en kante van 'n afgekoelde koek. Laat vat. Kook die ryp weer en smeer 'n tweede laag op die koek.

Lemoen Vrugtekoek Ryp

Genoeg om 'n 10"/25 cm-koek te ryp

50 g/2 oz/¼ koppie strooisuiker (superfyn).

30ml/2 e lemoensap

10ml/2 tl gerasperde lemoenskil

Kombineer bestanddele in 'n klein kastrol en bring tot kookpunt, terwyl aanhoudend geroer word. Verwyder van hitte en smeer die mengsel oor die bokant en kante van 'n afgekoelde koek. Laat vat. Kook die ryp weer en smeer 'n tweede laag op die koek.

Amandel meringue blokkies

Maak 12

225 g/8 ons broskorsdeeg

60 ml/4 e frambooskonfyt (ingemaak)

2 eierwitte

50 g/2 oz/½ koppie gemaalde amandels

100 g/4 ons/½ koppie gepoeierde suiker (superfyn).

'n Paar druppels amandelgeursel (uittreksel)

25 g/1 ons/¼ koppie gesnyde amandels

Rol die deeg (pasta) uit en gebruik dit om 'n gesmeerde 30 x 20 cm/12 x 8 Switserse rolpan (rolpan) uit te voer. Smeer met konfyt. Klits die eierwitte styf en voeg dan die amandels, suiker en amandelgeursel liggies in. Smeer konfyt en sprinkel amandels oor. Bak in voorverhitte oond van 180°C/350°F/termostaat 4 vir 45 minute tot goudbruin en bros. Laat afkoel en sny dan in blokkies.

engel druppels

Maak 24

2 oz/¼ koppie/50 g botter of margarien, saggemaak

50 g/2 ons/¼ koppie varkvet (verkorting)

100 g/4 ons/½ koppie gepoeierde suiker (superfyn).

1 klein eier, geklits

'n Paar druppels vanieljegeursel (uittreksel)

175 g/6 onse/1½ koppie selfrysende meel (self-rys)

45 ml/3 eetlepels gerolde hawermout

50 g/2 ons/¼ koppie geglasuurde kersies (versuikerde), gehalveer

Meng botter of margarien, varkvet en suiker tot lig en donsig. Voeg die eier en die vanieljegeursel in, voeg dan die meel by en meng tot 'n stywe deeg. Breek in klein balletjies en rol in die hawermout. Plaas goed uitmekaar op 'n gesmeerde bakplaat en bedek elkeen met 'n kersie. Bak in voorverhitte oond van 180°C/350°F/termostaat 4 vir 20 minute tot gestol. Laat op die blad afkoel.

Gevlokte amandels

Maak 12

100 g/4 ons/½ koppie botter of margarien

225 g/8 oz/2 koppies gewone meel (alles)

5ml/1 tl bakpoeier

50 g/2 oz/¼ koppie strooisuiker (superfyn).

1 eier, geskei

75 ml/5 e frambooskonfyt (ingemaak)

2/3 koppie/4 onse/100 g strooisuiker (gebak), gesif

100 g/4 oz/1 koppie gesnyde amandels

Vryf die botter of margarien in die meel en bakpoeier in totdat die mengsel soos broodkrummels lyk. Roer die suiker by, roer dan die eiergeel by en knie tot 'n stywe deeg. Rol uit op 'n oppervlak wat liggies met meel bestrooi is om 'n gesmeerde 30 x 20 cm/12 x 8 Switserse rolpan te pas Druk liggies in pan en lig rande van deeg effens om 'n lip te maak. Smeer met konfyt. Klits die eierwitte styf en voeg dan die versiersuiker geleidelik in. Smeer konfyt en sprinkel amandels oor. Bak in 'n voorverhitte oond van 160°C/325°F/termostaat 3 vir 1 uur tot goudbruin en net gestol. Laat afkoel in pan vir 5 minute, sny dan in vingers en ontvorm op 'n draadrak om klaar af te koel.

Bakewell-tertjies

Maak 24

Vir die deeg:

25 g/1 ons/2 eetlepels varkvet (verkorting)

25 g/1 oz/2 e botter of margarien

100 g/4 oz/1 koppie gewone meel (alles)

'n Knippie sout

30ml/2 e water

45 ml/3 e frambooskonfyt (ingemaak)

Vir die vulsel:

2 oz/¼ koppie/50 g botter of margarien, saggemaak

50 g/2 oz/¼ koppie strooisuiker (superfyn).

1 eier, liggies geklits

25 g/1 ons/¼ koppie selfrysende meel (self-rys)

25 g/1 ons/¼ koppie gemaalde amandels

'n Paar druppels amandelgeursel (uittreksel)

Om deeg (pasta) te maak, vryf varkvet en botter of margarien in meel en sout in totdat mengsel soos broodkrummels lyk. Meng genoeg water om 'n sagte deeg te maak. Rol dun uit op 'n oppervlak wat liggies met meel bestrooi is, sny in 3/7cm sirkels en gebruik om die helftes van twee gesmeerde broodpanne (steakpanne) uit te voer. Vul met konfyt.

Om die vulsel te maak, room die botter of margarien en suiker in en voeg dan die eier geleidelik in. Voeg die meel, gemaalde amandels en amandelgeursel by. Gooi die mengsel in die koeke, verseël die rande met die deeg sodat die konfyt heeltemal bedek is. Bak in voorverhitte oond van 180°C/350°F/termostaat 4 vir 20 minute tot goudbruin.

Sjokolade skoenlapper koekies

Maak ongeveer 12 koekies

Vir die koekies:

100 g/4 ons/½ koppie botter of margarien, saggemaak

100 g/4 ons/½ koppie gepoeierde suiker (superfyn).

2 eiers, liggies geklits

100 g/4 oz/1 koppie self-rysende (self-rysende) meel

30 ml/2 eetlepels kakaopoeier (onversoete sjokolade).

'n Knippie sout

30ml/2 e koue melk

Vir die versiersel (versiersel):

2 oz/¼ koppie/50 g botter of margarien, saggemaak

2/3 koppie/4 onse/100 g strooisuiker (gebak), gesif

10ml/2 tl warm melk

Om koekies te maak, room botter of margarien en suiker tot bleek en donsig. Voeg die eiers geleidelik om die beurt met die meel, kakao en sout by, voeg dan die melk by om 'n gladde mengsel te verkry. Gooi in perkamentpapier (muffinpapier) of gesmeerde broodpanne (steakpanne) en bak in 'n voorverhitte 190°/375°F/termostaat 5 oond vir 15-20 minute tot sag, goed opgepof en elasties om aan te raak. Laat afkoel. Sny die bokant van die koekies horisontaal en sny dan die bokant vertikaal in die helfte om die skoenlappervlerkies te maak.

Om die ryp te maak, klits die botter of margarien tot sag en roer dan die helfte van die strooisuiker by. Klits die melk dan die res van die suiker. Verdeel die rypmengsel tussen die koeke, druk dan die "vlerkies" skuins op die bokant van die koeke.

Kokoskoekies

Maak 12

100 g/4 ons brosbrood

2 oz/¼ koppie/50 g botter of margarien, saggemaak

50 g/2 oz/¼ koppie strooisuiker (superfyn).

1 eier, geklits

25 g / 1 oz / 2 eetlepels rysmeel

50 g/2 oz/½ koppie gedroogde klapper (gerasper)

¼ tl/1,5 ml bakpoeier

60 ml/4 e sjokoladesmeer

Rol die deeg (pasta) uit en gebruik dit om die dele van 'n broodvorm (beesvleisvorm) uit te voer. Meng botter of margarien en suiker, roer dan eiers en rysmeel by. Roer klapper en bakpoeier by. Gooi 'n klein lepel sjokoladesmeer onder in elke tertdop (tertdop). Gooi die klappermengsel bo-oor en bak in 'n voorverhitte oond van 200°C/400°F/termostaat 6 vir 15 minute tot gaar en goudbruin.

Soet muffins

Maak 15

100 g/4 ons/½ koppie botter of margarien, saggemaak

225 g/8 oz/1 koppie gepoeierde suiker (superfyn).

2 eiers

5ml/1 tl vanieljegeursel (uittreksel)

175 g/6 onse/1½ koppie selfrysende meel (self-rys)

5ml/1 tl bakpoeier

'n Knippie sout

75 ml/5 eetlepels melk

Meng botter of margarien en suiker tot lig en donsig. Voeg die eiers en vanieljegeursel geleidelik by en klits goed na elke byvoeging. Voeg die meel, bakpoeier en sout om die beurt met die melk by, klits goed. Gooi die mengsel in papierkoekvorms (kolwyntjiepapier) en bak in 'n voorverhitte oond teen 190°C/375°F/termostaat 5 vir 20 minute totdat 'n tandestokkie wat in die middel gesteek is, self uitkom.

koffie ertjies

Maak 12

Vir die koekies:

100 g/4 ons/½ koppie botter of margarien, saggemaak

100 g/4 ons/½ koppie gepoeierde suiker (superfyn).

2 eiers, liggies geklits

100 g/4 oz/1 koppie self-rysende (self-rysende) meel

10ml/2 tl koffiegeursel (uittreksel)

Vir die versiersel (versiersel):

2 oz/¼ koppie/50 g botter of margarien, saggemaak

2/3 koppie/4 onse/100 g strooisuiker (gebak), gesif

'n Paar druppels koffiegeursel (uittreksel)

100 g/4 ons/1 koppie sjokoladeskyfies

Om koekies te maak, room botter of margarien en suiker tot lig en donsig. Voeg die eiers bietjie vir bietjie by en voeg dan die meel en die koffiegeursel by. Gooi die mengsel in papierkoekvorms (kolwyntjiepapier) in 'n broodvorm (steakvorm) en bak in 'n voorverhitte oond van 180°C/350°F/termostaat 4 vir 20 minute tot sag. dit is goed opgeblaas en elasties tot die raak. Laat afkoel.

Om die glans te maak, klits die botter of margarien tot sag en roer dan die versiersuiker en koffiegeursel by. Smeer bo-op die koeke en versier met die sjokoladestukke.

Eccles koekies

Maak 16

2 oz/¼ koppie/50 g botter of margarien

50 g/2 oz/¼ koppie soet bruinsuiker

225 g/8 onse/11/3 koppies korente

450 g/1 lb Skilferkorsdeeg of skilferkorsdeeg

Bietjie melk

45ml/3 e strooisuiker (superfyn).

Smelt die botter of margarien en bruinsuiker oor lae hitte, meng goed. Verwyder van die hitte en roer die korente by. Laat effens afkoel. Rol die deeg (pasta) op 'n meelbestrooide oppervlak uit en sny in 16 sirkels. Verdeel die vulselmengsel tussen die sirkels, vou dan die rande na die middel toe, borsel met water om die rande te seël. Draai die koekies om en rol dit liggies met 'n koekroller om dit effens plat te maak. Sny drie gleuwe bo-op elkeen, smeer met melk en strooi suiker oor. Plaas op 'n gesmeerde bakplaat en bak in 'n voorverhitte oond van 200°C/400°F/termostaat 6 vir 20 minute tot goudbruin.

Feetjie koekies

Sal ongeveer 12 wees

100 g/4 ons/½ koppie botter of margarien, saggemaak

100 g/4 ons/½ koppie gepoeierde suiker (superfyn).

2 eiers, liggies geklits

100 g/4 oz/1 koppie self-rysende (self-rysende) meel

'n Knippie sout

30ml/2 tl melk

'n Paar druppels vanieljegeursel (uittreksel)

Meng botter of margarien en suiker saam tot bleek en donsig. Voeg die eiers geleidelik om die beurt met die meel en sout by, voeg dan die melk en vanieljegeursel by om 'n gladde mengsel te verkry. Gooi in gesmeerde koekpanne (kolwyntjiepanne) of gesmeerde broodpanne (steakpanne) en bak in 'n voorverhitte 190°C/375°F/termostaat 5 oond vir 15-20 minute tot gestol. hulle is goed opgeblaas en elasties om aan te raak .

Veer Geglasuurde Feetjiekoeke

Maak 12

2 oz/¼ koppie/50 g botter of margarien, saggemaak

50 g/2 oz/¼ koppie strooisuiker (superfyn).

1 eier

50g/2oz/½ koppie selfrysende meel (selfrys)

100 g/4 oz/2/3 koppie strooisuiker (konditors).

15 ml / 1 eetlepel louwarm water

'n Paar druppels voedselkleursel

Meng botter of margarien en suiker saam tot bleek en donsig. Voeg die eier bietjie vir bietjie by en voeg dan die meel by. Verdeel mengsel in 12 papierkoekpanne (kolwyntjiepapier) in broodpanne (steakpanne). Bak in 'n voorverhitte oond van 160°C/325°F/termostaat 3 vir 15-20 minute tot veerkragtig. Laat afkoel.

Meng die versiersuiker en louwarm water. Kleur een derde van die ryp met die voedselkleursel van jou keuse. Smeer die wit ryp oor die koeke. Smeer die gekleurde versiersel in lyne op die koek, trek dan die punt van 'n mes loodreg op die lyne, eers een kant toe, dan die ander, om 'n golwende patroon te skep. Laat vat.

Genuese fantasieë

Maak 12

3 eiers, liggies geklits

75g/3oz/1/3 koppie gepoeierde suiker (superfyn).

75 g/3 oz/¾ koppie selfrysende meel (self-rys)

'n Paar druppels vanieljegeursel (uittreksel)

25 g/1 ons/2 e botter of margarien, gesmelt en verkoel

60 ml/4 e appelkooskonfyt (konfyt), gesif (gefiltreer)

60 ml/4 eetlepels water

8 oz/11/3 koppies versiersuiker (snoepgoed), gesif

'n Paar druppels pienk en blou voedselkleursel (opsioneel)

Koekversierings

Plaas die eiers en strooisuiker in 'n hittebestande bak oor 'n kastrol met effens pruttende water. Klits totdat die mengsel in linte uit die klitser kom. Roer meel en vanieljegeursel by, roer dan botter of margarien by. Gooi die mengsel in 'n gesmeerde 30 x 20 cm/12 x 8 rolpan en bak in 'n voorverhitte oond van 190°C/375°F/termostaat 5 vir 30 minute. Laat afkoel en sny dan in vorms. Verhit die konfyt met 30 ml/2 eetlepels water en borsel die koeke.

Sif die versiersuiker in 'n bak. As jy die ryp in verskillende kleure wil maak, verdeel dit in aparte bakkies en maak 'n put in die middel van elkeen. Voeg geleidelik 'n paar druppels kleur by en net genoeg oorblywende water om tot 'n redelik stywe versiersel te meng. Smeer oor koeke en versier soos verkies.

Amandel-makaroon

Maak 16

rys papier

100 g/4 ons/½ koppie gepoeierde suiker (superfyn).

50 g/2 oz/½ koppie gemaalde amandels

5ml/1 tl gemaalde rys

'n Paar druppels amandelgeursel (uittreksel)

1 eierwit

8 geblansjeerde amandels, gehalveer

Voer 'n bakplaat (koek) met ryspapier uit. Meng al die bestanddele, behalwe die geblansjeerde amandels, tot 'n ferm pasta en klits goed. Skep lepelsvol van die mengsel op die bakplaat en bedek elkeen met 'n amandelhelfte. Bak in 'n voorverhitte oond van 150°C/325°F/termostaat 3 vir 25 minute. Laat op die vel afkoel, sny of skeur dan rondom elkeen om dit van die vel ryspapier los te maak.

Klapper Macaroon

Maak 16

2 eierwitte

150 g/5 oz/2/3 koppie gepoeierde suiker (superfyn).

150 g/5 oz/1¼ koppie gedroogde klapper (gerasper)

rys papier

8 geglasuurde kersies (versuikerde), gehalveer

Klits die eierwitte hard. Klits die suiker by totdat die mengsel stywe punte vorm. Draai die klapper om. Plaas die ryspapier op 'n bakplaat en gooi lepelsvol van die mengsel op die bakplaat. Plaas 'n kersie-helfte op elk. Bak in voorverhitte oond van 160°C/325°F/termostaat 3 vir 30 minute tot gestol. Laat op die ryspapier afkoel, sny of skeur dan rondom elkeen om dit van die ryspapier te skei.

Lemmetjie-makarons

Maak 12

100 g/4 ons brosbrood

60 ml/4 e lemmetjiemarmelade

2 eierwitte

50 g/2 oz/¼ koppie strooisuiker (superfyn).

25 g/1 ons/¼ koppie gemaalde amandels

10ml/2 tl gemaalde rys

5ml/1 t lemoenbloeiselwater

Rol die deeg (pasta) uit en gebruik dit om die dele van 'n broodvorm (beesvleisvorm) uit te voer. Gooi 'n klein lepel marmelade in elke tertdop (tertdop). Klits die eierwitte hard. Roer suiker by tot styf en glansend. Roer die amandels, rys en lemoenbloeiselwater by. Gooi in die vorms, bedek die marmelade heeltemal. Bak in 'n voorverhitte oond van 180°C/350°F/termostaat 4 vir 30 minute tot goudbruin.

Hawermout-makarons

Maak 24

175 g/6 onse/1½ koppie gerolde hawermout

175 g/6 onse/¾ koppie muscovado suiker

120 ml/4 oz/½ koppie olie

1 eier

2,5 ml/½ teelepel sout

2,5 ml/½ tl amandelgeursel (uittreksel)

Meng die gerolde hawermout, suiker en olie en laat staan vir 1 uur. Klits eier, sout en amandelgeursel. Skep lepelsvol van die mengsel op 'n gesmeerde bakplaat en bak in 'n voorverhitte oond van 160°C/325°F/termostaat 3 vir 20 minute tot goudbruin.

Magdalena

Maak 9

100 g/4 ons/½ koppie botter of margarien, saggemaak

100 g/4 ons/½ koppie gepoeierde suiker (superfyn).

2 eiers, liggies geklits

100 g/4 oz/1 koppie self-rysende (self-rysende) meel

175 g/6 oz/½ koppie aarbei- of frambooskonfyt (ingemaak)

60 ml/4 eetlepels water

50 g/2 oz/½ koppie gedroogde klapper (gerasper)

5 geglasuurde kersies (versuikerde), gehalveer

Verroom die botter of margarien liggies en roer dan die suiker by tot lig en donsig. Voeg die eiers bietjie vir bietjie by en voeg dan die meel by. Gooi in nege gesmeerde dariole-panne en plaas op 'n bakplaat. Bak in voorverhitte oond van 190°C/375°F/termostaat 5 vir 20 minute tot goed gepof en goudbruin. Laat vir 5 minute in panne afkoel en ontvorm dan op draadrak om klaar af te koel.

Maak die bokant van elke koek glad tot plat. Dreineer (syg) die konfyt en bring tot kookpunt saam met die water in 'n klein kastrol, roer tot goed gemeng. Smeer die klapper op 'n groot vel perkamentpapier (gewas). Steek 'n toetspen onder in die eerste koek, smeer met konfytglaseersel en rol dan in klapper tot bedek. Plaas op 'n opdienbord. Herhaal met die oorblywende koekies. Garneer met gehalveerde geglasuurde kersies.

Marsepein pannekoek

Sal ongeveer 12 wees

450 g/1 lb/4 koppies gemaalde amandels

2/3 koppie/4 onse/100 g strooisuiker (gebak), gesif

100 g/4 ons/½ koppie gepoeierde suiker (superfyn).

30ml/2 e water

3 eierwitte

Vir die versiersel (versiersel):

2/3 koppie/4 onse/100 g strooisuiker (gebak), gesif

1 eierwit

2,5 ml/½ tl asyn

Meng al die koekbestanddele saam in 'n kastrol en verhit liggies, terwyl jy roer, totdat die beslag al die vloeistof geabsorbeer het. Verwyder van hitte en laat afkoel. Rol uit op 'n oppervlak wat liggies met meel bestrooi is tot 1/2 cm dik en sny in 1½/3 cm repe. Sny in 5 cm/2 lengtes, plaas op 'n gesmeerde bakplaat en bak in 'n voorverhitte oond van 150°C/300°F/termostaat 2 vir 20 minute tot die bokant ligbruin is. Laat afkoel.

Om die ryp te maak, klits die eierwitte en asyn geleidelik by die versiersuiker in totdat jy 'n gladde, dik ryp het. Gooi die versiersel oor die koeke.

Muffins

Maak 12

225 g/8 oz/2 koppies gewone meel (alles)

100 g/4 ons/½ koppie gepoeierde suiker (superfyn).

10ml / 2 tl bakpoeier

2,5 ml/½ teelepel sout

1 eier, liggies geklits

250 ml / 8 ons / 1 koppie melk

120 ml/4 oz/½ koppie olie

Meng meel, suiker, bakpoeier en sout en maak 'n holte in die middel. Kombineer res van bestanddele en meng met droë bestanddele tot net gemeng. Moenie te veel meng nie. Gooi in muffinpanne (papier) of gesmeerde muffinpanne (vorms) en bak in 'n voorverhitte oond van 200°C/400°F/termostaat 6 vir 20 minute tot goed gepof en veerkragtig raak.

Appel muffins

Maak 12

225 g/8 oz/2 koppies gewone meel (alles)

100 g/4 ons/½ koppie gepoeierde suiker (superfyn).

10ml / 2 tl bakpoeier

2,5 ml/½ teelepel sout

1 eier, liggies geklits

250 ml / 8 ons / 1 koppie melk

120 ml/4 oz/½ koppie olie

2 eetappels (nagereg), geskil, ontkern en gekap

Meng meel, suiker, bakpoeier en sout en maak 'n holte in die middel. Kombineer res van bestanddele en meng met droë bestanddele tot net gemeng. Moenie te veel meng nie. Gooi in muffinpanne (papier) of gesmeerde muffinpanne (vorms) en bak in 'n voorverhitte oond van 200°C/400°F/termostaat 6 vir 20 minute tot goed gepof en veerkragtig raak.

Piesang muffins

Maak 12

225 g/8 oz/2 koppies gewone meel (alles)

100 g/4 ons/½ koppie gepoeierde suiker (superfyn).

10ml / 2 tl bakpoeier

2,5 ml/½ teelepel sout

1 eier, liggies geklits

250 ml / 8 ons / 1 koppie melk

120 ml/4 oz/½ koppie olie

2 piesangs, fyngedruk

Meng meel, suiker, bakpoeier en sout en maak 'n holte in die middel. Kombineer res van bestanddele en meng met droë bestanddele tot net gemeng. Moenie te veel meng nie. Gooi in muffinpanne (papier) of gesmeerde muffinpanne (vorms) en bak in 'n voorverhitte oond van 200°C/400°F/termostaat 6 vir 20 minute tot goed gepof en veerkragtig raak.

Swartbessie muffins

Maak 12

225 g/8 oz/2 koppies selfrysende meel (self-rys)

75g/3oz/1/3 koppie gepoeierde suiker (superfyn).

2 eierwitte

75 g/3 ons swartbessie

7 fl oz/lite 200 ml 1 koppie melk

30 ml/2 eetlepels olie

Meng meel en suiker. Klits die eierwitte liggies en meng dit dan met die droë bestanddele. Voeg die swartbessie, melk en olie by. Gooi in gesmeerde muffinpanne (vorms) en bak in 'n voorverhitte oond van 200°C/400°F/termostaat 6 vir 15-20 minute tot goudbruin.

Amerikaanse muffins met bloubessies

Maak 12

150 g/5 oz/1¼ koppie gewone meel (alles)

75 g/3 onse/¾ koppie mieliemeel

75g/3oz/1/3 koppie gepoeierde suiker (superfyn).

10ml / 2 tl bakpoeier

'n Knippie sout

1 eier, liggies geklits

75 g/3 oz/1/3 koppie botter of margarien, gesmelt

250 ml/8 onse/1 koppie karringmelk

100g/4oz bloubessies

Meng meel, mieliemeel, suiker, bakpoeier en sout en maak 'n holte in die middel. Voeg eier, botter of margarien en karringmelk by en meng tot net gemeng. Roer bloubessies of brame by. Gooi in muffinpannetjies (papier) en bak in 'n voorverhitte oond van 200°C/400°F/termostaat 6 vir 20 minute tot goudbruin en veerkragtig om aan te raak.

Kersie muffins

Maak 12

225 g/8 oz/2 koppies gewone meel (alles)

100 g/4 ons/½ koppie gepoeierde suiker (superfyn).

100 g/4 oz/½ koppie geglasuurde kersies (versuikerde)

10ml / 2 tl bakpoeier

2,5 ml/½ teelepel sout

1 eier, liggies geklits

250 ml / 8 ons / 1 koppie melk

120 ml/4 oz/½ koppie olie

Meng meel, suiker, kersies, bakpoeier en sout en maak 'n holte in die middel. Kombineer res van bestanddele en meng met droë bestanddele tot net gemeng. Moenie te veel meng nie. Gooi in muffinpanne (papier) of gesmeerde muffinpanne (vorms) en bak in 'n voorverhitte oond van 200°C/400°F/termostaat 6 vir 20 minute tot goed gepof en veerkragtig raak.

sjokolade muffins

Doen 10-12

175 g/6 oz/1½ koppie gewone meel (alles)

40 g/1½ ons/1/3 koppie kakaopoeier (onversoete sjokolade)

100 g/4 ons/½ koppie gepoeierde suiker (superfyn).

10ml / 2 tl bakpoeier

2,5 ml/½ teelepel sout

1 groot eier

250 ml / 8 ons / 1 koppie melk

2,5 ml/½ tl vanieljegeursel (uittreksel)

120 ml/½ koppie sonneblomolie of groente-olie

Meng die droë bestanddele saam en maak 'n holte in die middel. Meng die eier, melk, vanieljegeursel en olie goed. Roer die vloeistof vinnig by die droë bestanddele totdat dit alles ingewerk is. Moenie oormeng nie; die mengsel moet klonterig wees. Gooi in muffinpanne (papier) of vorms (vorms) en bak in 'n voorverhitte oond van 200°C/400°F/termostaat 6 vir ongeveer 20 minute tot goed opgepof en veerkragtig om aan te raak.

Sjokolade muffin

Maak 12

175 g/6 oz/1½ koppie gewone meel (alles)

100 g/4 ons/½ koppie gepoeierde suiker (superfyn).

45ml/3 e kakaopoeier (onversoete sjokolade).

100 g/4 ons/1 koppie sjokoladeskyfies

10ml / 2 tl bakpoeier

2,5 ml/½ teelepel sout

1 eier, liggies geklits

250 ml / 8 ons / 1 koppie melk

120 ml/4 oz/½ koppie olie

2,5 ml/½ tl vanieljegeursel (uittreksel)

Meng meel, suiker, kakao, sjokoladeskyfies, bakpoeier en sout en maak 'n holte in die middel. Kombineer res van bestanddele en meng met droë bestanddele tot net gemeng. Moenie te veel meng nie. Gooi in muffinpanne (papier) of gesmeerde muffinpanne (vorms) en bak in 'n voorverhitte oond van 200°C/400°F/termostaat 6 vir 20 minute tot goed gepof en veerkragtig raak.

kaneel kolwyntjie

Maak 12

225 g/8 oz/2 koppies gewone meel (alles)

100 g/4 ons/½ koppie gepoeierde suiker (superfyn).

10ml / 2 tl bakpoeier

5ml/1 tl gemaalde kaneel

2,5 ml/½ teelepel sout

1 eier, liggies geklits

250 ml / 8 ons / 1 koppie melk

120 ml/4 oz/½ koppie olie

Meng die meel, suiker, bakpoeier, kaneel en sout en maak 'n holte in die middel. Kombineer res van bestanddele en meng met droë bestanddele tot net gemeng. Moenie te veel meng nie. Gooi in muffinpanne (papier) of gesmeerde muffinpanne (vorms) en bak in 'n voorverhitte oond van 200°C/400°F/termostaat 6 vir 20 minute tot goed gepof en veerkragtig raak.

Mieliemeel Muffins

Maak 12

50 g/2 oz/½ koppie gewone meel (alles)

100g/4oz/1 koppie mieliemeel

5ml/1 tl bakpoeier

1 eier, geskei

1 eiergeel

30ml/2 e mielieolie

30 ml/2 e melk

Kombineer meel, mieliemeel en bakpoeier. Klits die eiergele, olie en melk saam en roer dan by die droë bestanddele. Klits die eierwitte styf en vou dit dan by die mengsel in. Gooi in muffinpanne (papier) of gesmeerde muffinpanne (vorms) en bak in 'n voorverhitte oond van 200°C/400°F/termostaat 6 vir sowat 20 minute tot goudbruin.

Heelvy Muffins

Maak 10

100 g/4 oz/1 koppie volgraanmeel (koring).

5ml/1 tl bakpoeier

50 g/2 oz/½ koppie gerolde hawermout

1/3 koppie/2 ons/50 g gedroogde vye, gekap

45 ml/3 eetlepels olie

75 ml/5 eetlepels melk

15 ml/1 e donkerstroop (melasse)

1 eier, liggies geklits

Meng die meel, die bakpoeier en die gerolde hawermout en voeg dan die vye in. Verhit olie, melk en stroop tot gemeng, roer dan droë bestanddele by eier en meng tot stywe deeg vorm. Gooi die mengsel in muffinpanne (papier) of gesmeerde muffinpanne (vorms) en bak in 'n voorverhitte oond teen 190°C/375°F/termostaat 5 vir sowat 20 minute tot sag goudbruin.

Vrugte en semels muffins

Maak 8

100 g/4 ons/1 koppie All Bran graankos

50 g/2 oz/½ koppie gewone meel (alles)

2,5 ml/½ teelepel bakpoeier

5ml/1 tl koeksoda (gispoeier)

5 ml/1 tl gemaalde geurmiddels (appeltert)

50g/2oz/1/3 koppie rosyne

100 g/4 oz/1 koppie appelmoes (sous)

5ml/1 tl vanieljegeursel (uittreksel)

30 ml/2 e melk

Meng die droë bestanddele saam en maak 'n holte in die middel. Roer rosyne, appelmoes en vanielje-ekstrak en genoeg melk by om 'n gladde mengsel te maak. Gooi in muffinpanne (papier) of gesmeerde muffinpanne (vorms) en bak in 'n voorverhitte oond van 200°C/400°F/termostaat 6 vir 20 minute tot goed gepof en goudbruin.

Hawermout muffins

Maak 20

100g/4oz/1 koppie gerolde hawermout

100 g/4 oz/1 koppie hawermeel

225 g/8 onse/2 koppies volkoringmeel (volkoring).

10ml / 2 tl bakpoeier

50g/2oz/1/3 koppie rosyne (opsioneel)

375 ml/13 onse/1½ koppie melk

10ml / 2 tl olie

2 eierwitte

Kombineer gerolde hawermout, meel en bakpoeier en roer rosyne by indien gebruik. Roer melk en olie by. Klits die eierwitte styf en vou dit dan by die mengsel in. Gooi in muffinpanne (papier) of gesmeerde muffinpanne (vorms) en bak in 'n voorverhitte oond van 190°C/375°F/termostaat 5 vir sowat 25 minute tot goudbruin.

Hawermout en vrugte muffins

Maak 10

100 g/4 oz/1 koppie volgraanmeel (koring).

100g/4oz/1 koppie gerolde hawermout

15ml / 1 eetlepel bakpoeier

100 g/4 oz/2/3 koppie rosyne (goue rosyne)

50 g/2 oz/½ koppie gekapte gemengde neute

1 appel (nagereg), geskil, ontkern en gerasper

45 ml/3 eetlepels olie

30 ml/2 e helder heuning

15 ml/1 e donkerstroop (melasse)

1 eier, liggies geklits

90 ml/6 eetlepels melk

Kombineer meel, gerolde hawermout en bakpoeier. Roer rosyne, okkerneute en appel by. Verhit die olie, heuning en stroop tot gesmelt, roer dan by die mengsel saam met die eier en genoeg melk om 'n gladde konsekwentheid te verkry. Gooi in muffinpanne (papier) of gesmeerde muffinpanne (vorms) en bak in 'n voorverhitte oond van 190°C/375°F/termostaat 5 vir sowat 25 minute tot goudbruin.

Oranje muffins

Maak 12

100 g/4 oz/1 koppie self-rysende (self-rysende) meel

100 g/4 ons/½ koppie soet bruinsuiker

1 eier, liggies geklits

120 ml/4 ons/½ koppie lemoensap

60 ml/4 eetlepels olie

2,5 ml/½ tl vanieljegeursel (uittreksel)

25 g/1 oz/2 e botter of margarien

30 ml/2 eetlepels gewone meel (alles)

2,5 ml/½ teelepel gemaalde kaneel

Meng die selfrysmeel en die helfte van die suiker in 'n bak. Meng eier, lemoensap, olie en vanieljegeursel en roer dan droë bestanddele by tot net gemeng. Moenie te veel meng nie. Gooi in gesmeerde muffinpanne (papier) of muffinpanne (vorms) en bak in 'n voorverhitte oond van 200°C/400°F/termostaat 6 vir 10 minute.

Vryf intussen die botter of margarien vir die vulsel by die gewone meel in en roer dan die oorblywende suiker en kaneel by. Sprinkel oor muffins en plaas terug in oond vir nog 5 minute tot goudbruin.

Perske muffins

Maak 12

225 g/8 oz/2 koppies gewone meel (alles)

100 g/4 ons/½ koppie gepoeierde suiker (superfyn).

10ml / 2 tl bakpoeier

2,5 ml/½ teelepel sout

1 eier, liggies geklits

175 ml/6 fl oz/¾ koppie melk

120 ml/4 oz/½ koppie olie

1 klein blikkie/7 onse/200 g perskes, gedreineer en gekap

Meng meel, suiker, bakpoeier en sout en maak 'n holte in die middel. Kombineer res van bestanddele en meng met droë bestanddele tot net gemeng. Moenie te veel meng nie. Gooi in muffinpanne (papier) of gesmeerde muffinpanne (vorms) en bak in 'n voorverhitte oond van 200°C/400°F/termostaat 6 vir 20 minute tot goed gepof en veerkragtig raak.

Grondboontjiebotter Muffins

Maak 12

225 g/8 oz/2 koppies gewone meel (alles)

100 g/4 ons/½ koppie soet bruinsuiker

10ml / 2 tl bakpoeier

2,5 ml/½ teelepel sout

1 eier, liggies geklits

250 ml / 8 ons / 1 koppie melk

120 ml/4 oz/½ koppie olie

45ml/3 e grondboontjiebotter

Meng meel, suiker, bakpoeier en sout en maak 'n holte in die middel. Kombineer res van bestanddele en meng met droë bestanddele tot net gemeng. Moenie te veel meng nie. Gooi in muffinpanne (papier) of gesmeerde muffinpanne (vorms) en bak in 'n voorverhitte oond van 200°C/400°F/termostaat 6 vir 20 minute tot goed gepof en veerkragtig raak.

Pynappelmuffins

Maak 12

225 g/8 oz/2 koppies gewone meel (alles)

100 g/4 ons/½ koppie soet bruinsuiker

10ml / 2 tl bakpoeier

2,5 ml/½ teelepel sout

1 eier, liggies geklits

175 ml/6 fl oz/¾ koppie melk

120 ml/4 oz/½ koppie olie

200g/7 ons/1 klein blikkie pynappel, gedreineer en gekap

30ml/2 e demerara suiker

Meng die meel, bruinsuiker, bakpoeier en sout en maak 'n holte in die middel. Meng al die oorblywende bestanddele behalwe die demerara-suiker en meng die droë bestanddele by tot net gemeng. Moenie te veel meng nie. Gooi in muffinbekers (papier) of gesmeerde muffinbekers (koppies) en sprinkel demerara suiker oor. Bak in voorverhitte oond van 200°C/400°F/termostaat 6 vir 20 minute tot goed opgepof en veerkragtig om aan te raak.

Framboos muffins

Maak 12

225 g/8 oz/2 koppies gewone meel (alles)

100 g/4 ons/½ koppie gepoeierde suiker (superfyn).

10ml / 2 tl bakpoeier

2,5 ml/½ teelepel sout

200 g/7 oz frambose

1 eier, liggies geklits

250 ml / 8 ons / 1 koppie melk

120 ml/½ koppie groente-olie

Meng meel, suiker, bakpoeier en sout saam. Roer die frambose by en maak 'n holte in die middel. Meng die eiers, melk en olie en giet oor die droë bestanddele. Roer liggies totdat al die droë bestanddele gekombineer is, maar die mengsel nog krummelrig is. Moet dit nie oordoen nie. Gooi die mengsel in muffinpannetjies (papier) of gesmeerde muffinpannetjies (vorms) en bak in 'n voorverhitte oond van 200°C/400°F/termostaat 6 vir 20 minute tot goed gestol en elasties voel.

Framboos en suurlemoen muffins

Maak 12

175 g/6 oz/1½ koppie gewone meel (alles)

50 g/2 oz/¼ koppie strooisuiker

50 g/2 oz/¼ koppie soet bruinsuiker

10ml / 2 tl bakpoeier

5ml/1 tl gemaalde kaneel

'n Knippie sout

1 eier, liggies geklits

100 g/4 ons/½ koppie botter of margarien, gesmelt

120 ml/½ koppie melk

100 g/4 ons vars frambose

10ml/2 tl gerasperde suurlemoenskil

Vir garnering:

75 g/3 oz/½ koppie versiersuiker (gebak), gesif

15 ml / 1 eetlepel suurlemoensap

Meng die meel, strooisuiker, bruinsuiker, bakpoeier, kaneel en sout in 'n bak en maak 'n holte in die middel. Voeg die eier, botter of margarien en melk by en meng totdat die bestanddele net gemeng is. Roer frambose en suurlemoenskil by. Gooi in muffinpanne (papier) of gesmeerde muffinpanne (vorms) en bak in 'n voorverhitte oond van 180°C/350°F/termostaat 4 vir 20 minute tot goudbruin en veerkragtig om aan te raak. Meng versiersuiker en suurlemoensap vir bolaag en drup oor warm muffins.

Sultana muffins

Maak 12

225 g/8 oz/2 koppies gewone meel (alles)

100 g/4 ons/½ koppie gepoeierde suiker (superfyn).

100 g/4 oz/2/3 koppie rosyne (goue rosyne)

10ml / 2 tl bakpoeier

5 ml/1 tl gemaalde geurmiddels (appeltert)

2,5 ml/½ teelepel sout

1 eier, liggies geklits

250 ml / 8 ons / 1 koppie melk

120 ml/4 oz/½ koppie olie

Meng die meel, suiker, rosyne, bakpoeier, speserymengsel en sout en maak 'n holte in die middel. Meng die res van die bestanddele tot net gemeng. Gooi in muffinpanne (papier) of gesmeerde muffinpanne (vorms) en bak in 'n voorverhitte oond van 200°C/400°F/termostaat 6 vir 20 minute tot goed gepof en veerkragtig raak.

Muffins in stroop

Maak 12

225 g/8 oz/2 koppies gewone meel (alles)

100 g/4 ons/½ koppie soet bruinsuiker

10ml / 2 tl bakpoeier

2,5 ml/½ teelepel sout

1 eier, liggies geklits

175 ml/6 fl oz/¾ koppie melk

60 ml/4 e donkerstroop (melasse)

120 ml/4 oz/½ koppie olie

Meng meel, suiker, bakpoeier en sout en maak 'n holte in die middel. Meng die res van die bestanddele tot net gemeng. Moenie te veel meng nie. Gooi in muffinpanne (papier) of gesmeerde muffinpanne (vorms) en bak in 'n voorverhitte oond van 200°C/400°F/termostaat 6 vir 20 minute tot goed gepof en veerkragtig raak.

Hawermout Stroop Muffins

Maak 10

100 g/4 oz/1 koppie gewone meel (alles)

175 g/6 onse/1½ koppie gerolde hawermout

100 g/4 ons/½ koppie soet bruinsuiker

15ml / 1 eetlepel bakpoeier

5ml/1 tl gemaalde kaneel

2,5 ml/½ teelepel sout

1 eier, liggies geklits

120 ml/½ koppie melk

60 ml/4 e donkerstroop (melasse)

75 ml/5 eetlepels olie

Meng meel, hawermout, suiker, bakpoeier, kaneel en sout en maak 'n holte in die middel. Kombineer res van bestanddele en roer dan droë bestanddele by tot net gemeng. Moenie te veel meng nie. Gooi in muffinpanne (papier) of gesmeerde muffinpanne (vorms) en bak in 'n voorverhitte oond van 200°C/400°F/termostaat 6 vir 15 minute tot goed gepof en veerkragtig raak.

Hawermoutroosterbrood

Maak 8

225 g/8 oz/2 koppies gerolde hawermout

100 g/4 oz/1 koppie volgraanmeel (koring).

5ml/1 tl sout

5ml/1 tl bakpoeier

50 g/2 ons/¼ koppie varkvet (verkorting)

30ml/2 e koue water

Meng die droë bestanddele saam en vryf dan die varkvet in totdat die mengsel soos broodkrummels lyk. Roer genoeg water by om 'n stywe deeg te maak. Rol uit op 'n oppervlak wat liggies met meel bestrooi is tot 7/18 cm in 'n sirkel en sny in agt wiggies. Plaas op 'n gesmeerde bakplaat en bak in 'n voorverhitte oond van 180°C/350°F/termostaat 4 vir 25 minute. Sit voor met botter, konfyt of marmelade.

Aarbei- en sampioen-omelets

Maak 18

5 eiergele

75g/3oz/1/3 koppie gepoeierde suiker (superfyn).

'n Knippie sout

Gerasperde skil van ½ suurlemoen

4 eierwitte

40 g/1½ onse/1/3 koppie mieliemeel (mieliesstysel)

1½ oz/40 g/1/3 koppie gewone meel (alles)

40 g/1½ ons/3 e botter of margarien, gesmelt

300 ml/½ pt/1¼ koppie geklopte room

225g/8oz aarbeie

Versiersuiker, gesif, vir afstof

Klits die eiergele met 25g strooisuiker tot lig en dik, roer dan die sout en suurlemoenskil by. Klits die eierwitte tot styf, voeg dan die oorblywende poeiersuiker by en hou aan klits tot styf en glansend. Roer die eiergele by en roer dan die mieliemeel en meel by. Roer gesmelte botter of margarien by. Plaas die mengsel oor na 'n spuitsak wat toegerus is met 'n gewone ½"/1cm punt (spuitpunt) en spuit in 6/15cm sirkels op 'n gesmeerde en gevoerde bakplaat (koek). Bak in 'n voorverhitte oond van 220°C/425°F/termostaat 7 vir 10 minute tot goudbruin maar nie bruin nie. Laat afkoel.

Klits die room tot styf. Smeer 'n dun lagie oor die helfte van elke sirkel, rangskik die aarbeie bo-op en eindig dan met nog room. Vou die boonste helfte van die "omelette" oor. Sprinkel versiersuiker oor en sit voor.

Pepermentkoekies

Maak 12

100 g/4 ons/½ koppie botter of margarien, saggemaak

100 g/4 ons/½ koppie gepoeierde suiker (superfyn).

2 eiers, liggies geklits

75 g/3 oz/¾ koppie selfrysende meel (self-rys)

10ml/2 tl kakaopoeier (onversoete sjokolade).

'n Knippie sout

8 oz/11/3 koppies versiersuiker (snoepgoed), gesif

30ml/2 e water

'n Paar druppels groen voedselkleursel

'n Paar druppels pepermentgeursel (uittreksel)

Muntsjokolade, gehalveer, vir garnering

Klits botter of margarien en suiker saam tot lig en donsig en roer dan eiers geleidelik by. Roer meel, kakao en sout by. Gooi in gesmeerde broodpanne (beesvleispanne) en bak in 'n voorverhitte oond van 200°C/400°F/termostaat 6 vir 10 minute tot veerkragtig om aan te raak. Laat afkoel.

Sif die strooisuiker in 'n bak en meng 15 ml/1 eetlepel water by, voeg dan die voedselkleursel en pepermentgeursel na smaak by. Voeg meer water by indien nodig om 'n konsekwentheid te kry wat die agterkant van 'n lepel bedek. Smeer ryp bo-op koekies en versier met kruisementsjokolade.

Rosyntjiekoekies

Maak 12

175 g/6 onse/1 koppie rosyne

250ml/8oz/1 koppie water

5ml/1 tl koeksoda (gispoeier)

100 g/4 ons/½ koppie botter of margarien, saggemaak

100 g/4 ons/½ koppie soet bruinsuiker

1 eier, geklits

5ml/1 tl vanieljegeursel (uittreksel)

200 g/7 oz/1¾ koppie gewone meel (alles)

5ml/1 tl bakpoeier

'n Knippie sout

Bring die rosyne, water en koeksoda tot kookpunt in 'n kastrol en prut liggies vir 3 minute. Laat afkoel tot louwarm. Meng botter of margarien en suiker saam tot bleek en donsig. Voeg die eier en die vanieljegeursel geleidelik by. Roer by rosyntjiemengsel, roer dan meel, bakpoeier en sout by. Gooi die mengsel in muffinpanne (papier) of gesmeerde muffinpanne (vorms) en bak in 'n voorverhitte oond teen 180°C/350°F/termostaat 4 vir 12-15 minute tot hulle goed gaar en goudbruin is.

Die druif wink

Maak 24

225 g/8 oz/2 koppies gewone meel (alles)

'n Knippie gemengde gemaalde geurmiddels (appeltert)

5ml/1 tl koeksoda (gispoeier)

225 g/8 oz/1 koppie gepoeierde suiker (superfyn).

45 ml/3 eetlepels gemaalde amandels

8 oz/1 koppie botter of margarien, gesmelt

45ml/3 eetlepels rosyne

1 eier, liggies geklits

Meng die droë bestanddele saam, roer dan die gesmelte botter of margarien by, gevolg deur die rosyne en eiers. Meng goed tot 'n stywe pasta. Rol uit op 'n oppervlak wat liggies met meel bestrooi is tot ongeveer ¼/5 mm dik en sny in ¼/5 mm x 20 cm x 8 duim repe. Maak die bokant liggies nat met 'n bietjie water, rol dan elke strook van die kort kant af op. Plaas op 'n gesmeerde bakplaat en bak in 'n voorverhitte oond van 200°C/400°F/termostaat 6 vir 15 minute tot goudbruin.

Framboosbroodjies

Lewer 12 broodjies

225 g/8 oz/2 koppies gewone meel (alles)

7,5 ml/½ eetlepel bakpoeier

2,5 ml/½ teelepel. gemaalde geurmiddels (appeltert)

'n Knippie sout

75 g/3 oz/1/3 koppie botter of margarien

75g/3oz/1/3 koppie gepoeierde suiker (superfyn) plus ekstra vir afstof

1 eier

60 ml/4 eetlepels melk

60 ml/4 e frambooskonfyt (ingemaak)

Kombineer meel, bakpoeier, speserye en sout en roer dan botter of margarien by totdat mengsel soos broodkrummels lyk. Roer die suiker by. Roer die eier en genoeg melk by om 'n stywe deeg te maak. Verdeel in 12 balle en plaas op 'n gesmeerde bakplaat. Maak 'n gaatjie met 'n vinger in die middel van elkeen en gooi 'n bietjie frambooskonfyt. Smeer met melk en strooi strooisuiker oor. Bak in voorverhitte oond by 220°C/425°F/termostaat 7 vir 10-15 minute tot goudbruin. Garneer met 'n bietjie konfyt indien verkies.

Bruinrys en sonneblomkoekies

Maak 12

75 g/3 oz/¾ koppie gaar bruinrys

50 g/2 oz/½ koppie sonneblomsaad

25 g/1 ons/¼ koppie sesamsaad

40 g/1½ ons/¼ koppie rosyne

40 g/1½ ons/¼ koppie geglasuurde kersies (versuikerde), in kwarte gesny

25 g/1 ons/2 e soet bruinsuiker

15 ml / 1 eetlepel helder heuning

75 g/3 oz/1/3 koppie botter of margarien

5ml/1 teelepel suurlemoensap

Meng rys, sade en vrugte. Smelt suiker, heuning, botter of margarien en suurlemoensap saam en roer by rysmengsel. Gooi in 12 koekvorms (kolwyntjiepapier) en bak in 'n voorverhitte oond van 200°C/400°F/termostaat 6 vir 15 minute.

klipkoeke

Maak 12

225 g/8 oz/2 koppies gewone meel (alles)

'n Knippie sout

10ml / 2 tl bakpoeier

2 oz/¼ koppie/50 g botter of margarien

50 g/2 ons/¼ koppie varkvet (verkorting)

2/3 koppie/100 g gemengde droëvrugte (vrugtekoekmengsel)

100 g/4 ons/½ koppie demerara suiker

Gerasperde skil van ½ suurlemoen

1 eier

15–30 ml/1–2 e melk

Kombineer meel, sout en bakpoeier, roer dan botter of margarien en varkvet by totdat mengsel soos broodkrummels lyk. Roer vrugte, suiker en suurlemoenskil by. Klits die eier met 15 ml/1 eetlepel melk, voeg die droë bestanddele by en meng tot 'n stywe pasta, voeg nog melk by indien nodig. Plaas klein heuwels van die mengsel op 'n gesmeerde bakplaat en bak in 'n voorverhitte oond van 200°C/400°F/termostaat 6 vir 15-20 minute tot goudbruin.

Suikervrye klipkoekies

Maak 12

75 g/3 oz/1/3 koppie botter of margarien

175 g/6 onse/1¼ koppie volkoringmeel (volkoring)

50g/2oz/½ koppie hawermeel

10ml / 2 tl bakpoeier

5ml/1 tl gemaalde kaneel

100 g/4 oz/2/3 koppie rosyne (goue rosyne)

gerasperde skil van 1 suurlemoen

1 eier, liggies geklits

90 ml/6 eetlepels melk

Vryf botter of margarien in meel, bakpoeier en kaneel in totdat mengsel soos broodkrummels lyk. Roer rosyne en suurlemoenskil by. Voeg die eier en genoeg melk by om 'n gladde mengsel te verkry. Plaas lepelsvol op 'n gesmeerde bakplaat en bak in 'n voorverhitte oond van 200°C/400°F/termostaat 6 vir 15-20 minute tot goudbruin.

Saffraankoekies

Maak 12

'n Knippie gemaalde saffraan

75ml/5 eetlepels kookwater

75 ml/5 eetl koue water

100 g/4 ons/½ koppie botter of margarien, saggemaak

225 g/8 oz/1 koppie gepoeierde suiker (superfyn).

2 eiers, liggies geklits

225 g/8 oz/2 koppies gewone meel (alles)

10ml / 2 tl bakpoeier

2,5 ml/½ teelepel sout

175 g/6 oz/1 koppie rosyne (goue rosyne)

175 g/6 oz/1 koppie gekapte gemengde bas (versuikerde)

Week die saffraan vir 30 minute in kookwater, voeg dan koue water by. Klits botter of margarien en suiker saam tot lig en donsig en roer dan eiers geleidelik by. Meng die meel met die bakpoeier en sout, meng dan 50 g/2 oz/½ koppie van die meelmengsel met die rosyne en die gemengde skil. Voeg die meel om die beurt by die romerige mengsel in met die saffraanwater en voeg dan die vrugte in. Gooi in muffinbekers (papier) of gesmeerde en meelbestrooide muffinkoppies (koppies) en bak in 'n voorverhitte oond van 190°C/375°F/termostaat 5 vir sowat 15 minute tot veerkragtigheid.

rum baba

Maak 8

100 g/4 oz/1 koppie sterk meel (brood)

5ml/1 tl ligte gemengde droë gis

'n Knippie sout

45ml/3 eetlepels warm melk

2 eiers, liggies geklits

2 oz/¼ koppie/50 g botter of margarien, gesmelt

25 g / 1 ons / 3 eetlepels appelliefies

Vir die stroop:

250ml/8oz/1 koppie water

75 g/3 oz/1/3 koppie gegranuleerde suiker

20ml/4 tl suurlemoensap

60 ml/4 eetlepels rum

Vir die ryp en versiering:

60 ml/4 e appelkooskonfyt (konfyt), gesif (gefiltreer)

15 ml/1 eetlepel water

¼ pt/2/3 koppie/150 ml klits- of dubbelroom (swaar)

4 geglasuurde kersies (versuikerde), gehalveer

'n Paar skywe engelwortel, in driehoeke gesny

Meng die meel, bakpoeier en sout in 'n bak en maak 'n holte in die middel. Meng melk, eiers en botter of margarien en klits dan meel by tot glad. Roer korente by. Gooi die beslag in agt individuele ronde vormpies (buisvorms) wat gesmeer en met meel bestrooi is sodat dit net een derde van die vorms rys. Bedek met geoliede kleefplastiek (plastiek wrap) en laat staan op 'n warm plek vir 30 minute totdat die deeg op die oppervlak van die vorms gerys het.

Bak in 'n voorverhitte oond van 200°C/400°F/termostaat 6 vir 15 minute tot goudbruin. Keer die panne om en laat afkoel vir 10 minute, ontvorm dan die koeke en plaas dit in 'n groot vlak skottel. Prik hulle oraloor met 'n vurk.

Om die stroop te maak, verhit die water, suiker en suurlemoensap oor lae hitte, roer totdat die suiker opgelos het. Verhoog die hitte en bring tot kookpunt. Verwyder van die hitte en roer die rum by. Gooi die warm stroop oor die koekies en laat week vir 40 minute.

Verhit konfyt en water oor lae hitte tot goed gemeng. Borsel die babas en plaas dit op 'n opdienbord. Klits die room en pyp in die middel van elke koekie. Garneer met kersies en engelwortel.

Sponsbalkoekies

Maak 24

5 eiergele

75g/3oz/1/3 koppie gepoeierde suiker (superfyn).

7 eierwitte

75 g/3 oz/¾ koppie mieliemeel (mieliesstysel)

50 g/2 oz/½ koppie gewone meel (alles)

Klits eiergele met 15 ml/1 e suiker tot lig en dik. Klits die eierwitte styf en vou dan die res van die suiker by tot dik en glansend. Roer die mieliemeel met 'n metaallepel by. Vou die helfte van die gele in die witte met 'n metaallepel, vou dan die oorblywende gele in. Roer die meel baie versigtig by. Plaas die mengsel oor na 'n spuitsak wat toegerus is met 'n standaard 2,5 cm-tuit (punt) en smeer in ronde patties, goed gespasieer, op 'n gesmeerde en gevoerde bakplaat (koek). Bak in 'n voorverhitte oond by 200°C/400°F/termostaat 6 vir 5 minute, verminder dan die oondtemperatuur tot 180°C/350°F/termostaat 4 vir 'n verdere 10 minute tot

Sjokolade suiker koekies

Maak 12

5 eiergele

75g/3oz/1/3 koppie gepoeierde suiker (superfyn).

7 eierwitte

75 g/3 oz/¾ koppie mieliemeel (mieliesstysel)

50 g/2 oz/½ koppie gewone meel (alles)

60 ml/4 e appelkooskonfyt (konfyt), gesif (gefiltreer)

30ml/2 e water

1 hoeveelheid gaar sjokoladeversiersel

150 ml/¼ pt/2/3 koppie geklopte room

Klits eiergele met 15 ml/1 e suiker tot lig en dik. Klits die eierwitte styf en vou dan die res van die suiker by tot dik en glansend. Roer die mieliemeel met 'n metaallepel by. Vou die helfte van die gele in die witte met 'n metaallepel, vou dan die oorblywende gele in. Roer die meel baie versigtig by. Plaas die mengsel oor na 'n spuitsak wat toegerus is met 'n standaard 2,5 cm-tuit (punt) en smeer in ronde patties, goed gespasieer, op 'n gesmeerde en gevoerde bakplaat (koek). Bak in 'n voorverhitte oond by 200°C/400°F/termostaat 6 vir 5 minute, verminder dan die oondtemperatuur tot 180°C/350°F/termostaat 4 vir 'n verdere 10 minute tot tot wat die roer. Dra oor na 'n draadrak.

Kook konfyt en water tot dik en goed gemeng, borsel dan die bokant van koeke. Laat afkoel. Doop die sampioene in die sjokoladeglaseersel en laat afkoel. Klits room tot styf, dan toebroodjiekoekie-pare met room.

somer sneeuballe

Maak 24

100 g/4 ons/½ koppie botter of margarien, saggemaak

100 g/4 ons/½ koppie gepoeierde suiker (superfyn).

5ml/1 tl vanieljegeursel (uittreksel)

2 eiers, liggies geklits

225 g/8 oz/2 koppies selfrysende meel (self-rys)

120 ml/½ koppie melk

120 ml / 4 fl oz / ½ koppie dubbelroom (swaar)

25 g/1 oz/3 e versiersuiker (lekkergoed), gesif

60 ml/4 e appelkooskonfyt (konfyt), gesif (gefiltreer)

30ml/2 e water

150 g/5 oz/1¼ koppie gedroogde klapper (gerasper)

Meng botter of margarien en suiker tot lig en donsig. Voeg die vanieljegeursel en die eiers geleidelik by, voeg dan die meel om die beurt met die melk by. Gooi die mengsel in gesmeerde muffinpanne (vorms) en bak in 'n voorverhitte oond van 180°C/350°F/termostaat 4 vir 15 minute tot goed opgepof en veerkragtig om aan te raak. Plaas oor na 'n draadrak om af te koel. Sny die bokant van die muffins af.

Klits die room en versiersuiker tot styf, gooi dan 'n bietjie oor elke muffin en sit die deksel op. Verhit die konfyt met die water tot gemeng, borsel dan die bokant van die muffins en sprinkel mildelik met klapper oor.

Sampioen druppels

Maak 12

3 eiers, geklits

100 g/4 ons/½ koppie gepoeierde suiker (superfyn).

2,5 ml/½ tl vanieljegeursel (uittreksel)

100 g/4 oz/1 koppie gewone meel (alles)

5ml/1 tl bakpoeier

100 g/4 oz/1/3 koppie frambooskonfyt (ingemaak)

¼ pt/2/3 koppie/150 ml dubbel (swaar) room, geklop

Versiersuiker, gesif, vir afstof

Plaas die eiers, strooisuiker en vanieljegeursel in 'n hittebestande bak oor 'n kastrol met pruttende water en klits tot die mengsel verdik. Haal die bak uit die kastrol en roer die meel en bakpoeier by. Plaas klein lepels vol van die mengsel op 'n gesmeerde bakplaat en bak in 'n voorverhitte oond van 190°C/375°F/termostaat 5 vir 10 minute tot goudbruin. Plaas oor na 'n draadrak en laat afkoel. Bedek die druppels met konfyt en room en bestrooi met versiersuiker om voor te sit.

Basiese meringue

Maak 6-8

2 eierwitte

100 g/4 ons/½ koppie gepoeierde suiker (superfyn).

Klits die eierwitte in 'n skoon, vetvrye bak totdat dit sagte punte begin vorm. Voeg die helfte van die suiker by en hou aan klits totdat die mengsel stywe punte vorm. Roer die oorblywende suiker liggies by met 'n metaallepel. Voer 'n bakplaat met perkamentpapier uit en plaas 6-8 hope meringue op die bakplaat. Droog die meringues in die oond so laag as moontlik vir 2-3 uur. Verkoel op 'n draadrak.

Amandel Meringue

Maak 12

2 eierwitte

100g/4oz/½ strooisuiker (superfyn).

100 g/4 oz/1 koppie gemaalde amandels

'n Paar druppels amandelgeursel (uittreksel)

12 halwe amandels om te versier

Klits die eierwitte hard. Voeg die helfte van die suiker by en hou aan klits totdat die mengsel stywe punte vorm. Voeg die res van die suiker, die gemaalde amandels en die essensie van amandels in. Verdeel die mengsel in 12 sirkels op 'n gesmeerde en gevoerde bakplaat en plaas 'n amandelhelfte op elkeen. Bak in voorverhitte oond van 130°C/250°F/termostaat ½ vir 2-3 uur tot bros.

Spaanse koekies met meringue en amandels

Maak 16

225 g/8 ons/1 koppie strooisuiker

225 g/8 oz/2 koppies gemaalde amandels

1 eierwit

100 g/4 oz/1 koppie heel amandels

Klits die suiker, gemaalde amandels en eierwitte tot 'n gladde pasta. Vorm 'n bal en druk die deeg plat met 'n koekroller. Sny in klein sirkels en plaas op 'n gesmeerde bakplaat. Druk 'n hele amandel in die middel van elke koekie (koek). Bak in 'n voorverhitte oond van 160°C/325°F/termostaat 3 vir 15 minute.

Soet meringue mandjies

Maak 6

4 eierwitte

8–9 onse/225–250 g/11/3–1½ koppies versiersuiker (gebak), gesif

'n Paar druppels vanieljegeursel (uittreksel)

Klits die eierwitte in 'n skoon, vetvrye, hittebestande bak tot donsig, klits dan die versiersuiker geleidelik by, gevolg deur die vanieljegeursel. Plaas die bak oor 'n pan met water wat liggies prut en klits totdat die meringue sy vorm behou en 'n dik spoor los wanneer die klitser opgelig word. Voer 'n bakplaat (koek) met perkamentpapier uit en trek ses sirkels van 7,5 cm / 3 op die papier. Gebruik die helfte van die meringuemengsel en spuit 'n laag meringue binne-in elke sirkel. Plaas die res in 'n deegsak en spuit twee lae meringue om die rand van elke basis. Droog in 'n voorverhitte oond van 150°C/300°F/termostaat 2 vir sowat 45 minute.

Amandelskyfies

Maak 10

2 eierwitte

100 g/4 ons/½ koppie gepoeierde suiker (superfyn).

75 g/3 oz/¾ koppie gemaalde amandels

25 g/1 ons/2 e botter of margarien, saggemaak

1/3 koppie/2 ons/50 g versiersuiker (lekkergoed), gesif

10ml/2 tl kakaopoeier (onversoete sjokolade).

50 g/2 oz/½ koppie gewone (semi-soet) sjokolade, gesmelt

Klits die eierwitte tot dit stywe punte vorm. Voeg die gegranuleerde suiker geleidelik by. Roer die gemaalde amandels by. Gebruik 'n ½"/1 cm spuitpunt (punt), versprei die mengsel in 2"/5 cm lengtes op 'n liggies geoliede bakplaat. Bak in 'n voorverhitte oond van 140°C/275°F/termostaat 1 vir 1h tot 1h30. Laat afkoel.

Meng botter of margarien, versiersuiker en kakao. Braai 'n paar beskuitjies (koekies) toe met die vulsel. Smelt die sjokolade in 'n hittebestande bak oor 'n kastrol met effens pruttende water. Doop die punte van die meringues in die sjokolade en laat op 'n draadrak afkoel.

Amandel en Suurlemoen Spaanse Meringues

Maak 30

150 g/5 oz/1¼ koppies geblansjeerde amandels

2 eierwitte

Gerasperde skil van ½ suurlemoen

200g/7oz/lite 1 koppie strooisuiker (superfyn).

10ml/2 tl suurlemoensap

Rooster die amandels in 'n voorverhitte oond van 150°C/300°F/termostaat 2 vir sowat 30 minute tot goudbruin en aromaties. Kap 'n derde van die neute grof en maak die res fyn.

Klits die eierwitte hard. Roer die suurlemoenskil en twee derdes van die suiker by. Voeg suurlemoensap by en klits tot styf en glansend. Roer die res van die suiker en die gemaalde amandels by. Roer die gekapte amandels by. Gooi druppels meringue op 'n gesmeerde, foelie-gevoerde bakplaat en plaas in die voorverhitte oond. Verlaag dadelik die oondtemperatuur tot 110°C/225°F/termostaat ¼ en bak vir sowat 1 uur 30 minute tot droog.

Sjokolade bedekte meringues

Maak 4

2 eierwitte

100 g/4 ons/½ koppie gepoeierde suiker (superfyn).

100 g/4 oz/1 koppie gewone sjokolade (semi-soet)

¼ pt/2/3 koppie/150 ml dubbel (swaar) room, geklop

Klits die eierwitte in 'n skoon, vetvrye bak totdat dit sagte punte begin vorm. Voeg die helfte van die suiker by en hou aan klits totdat die mengsel stywe punte vorm. Roer die oorblywende suiker liggies by met 'n metaallepel. Voer 'n bakplaat (koek) uit met bakpapier en plaas agt hope meringue op die bakplaat. Droog die meringues in die oond so laag as moontlik vir 2-3 uur. Verkoel op 'n draadrak.

Smelt die sjokolade in 'n hittebestande bak oor 'n kastrol met effens pruttende water. Laat effens afkoel. Doop vier van die meringues liggies in die sjokolade om die buitekant te bedek. Los op perkamentpapier (gewas) tot gestol. Smeer 'n sjokolade bedekte meringue en 'n gewone meringue met room, herhaal dan met die oorblywende meringue.

Sjokolade kruisement meringues

Maak 18

3 eierwitte

100 g/4 ons/½ koppie gepoeierde suiker (superfyn).

75 g/3 oz/¾ koppie gekapte sjokolade bedekte kruisement

Klits die eierwitte hard. Klits die suiker geleidelik by totdat die eierwitte styf en glansend is. Gooi die gekapte kruisement terug. Skep klein lepelsvol van die mengsel op 'n gesmeerde, gevoerde bakplaat en bak in 'n voorverhitte oond van 140°C/275°F/termostaat 1 vir 1½ uur tot droog.

Sjokoladeskyfies en neutmeringues

Maak 12

2 eierwitte

175 g/6 onse/¾ koppie gepoeierde suiker (superfyn).

50 g/2 oz/½ koppie sjokoladeskyfies

1 oz/¼ koppie okkerneute, fyngekap

Voorverhit die oond tot 190°C/375°F/termostaat 5. Klits die eierwitte totdat dit sagte punte vorm. Voeg die suiker geleidelik by en klits tot die mengsel stywe punte vorm. Roer sjokoladestukkies en neute by. Skep lepelsvol van die mengsel op gesmeerde bakpapier en plaas in die oond. Skakel die oond af en laat afkoel.

Hazelnoot Meringue

Maak 12

100 g/4 ons/1 koppie haselneute

2 eierwitte

100 g/4 ons/½ koppie gepoeierde suiker (superfyn).

'n Paar druppels vanieljegeursel (uittreksel)

Stoor 12 okkerneute vir versiering en druk die res fyn. Klits die eierwitte hard. Voeg die helfte van die suiker by en hou aan klits totdat die mengsel stywe punte vorm. Voeg die res van die suiker, die haselneutpoeier en die vanieljegeursel in. Verdeel die mengsel in 12 sirkels op 'n gesmeerde en gevoerde bakplaat (koek) en plaas 'n gereserveerde okkerneut op elkeen. Bak in voorverhitte oond van 130°C/250°F/termostaat ½ vir 2-3 uur tot bros.

Okkerneut meringue laagkoek

Bak 'n 9"/23 cm-koek

Vir die koek:

2 oz/¼ koppie/50 g botter of margarien, saggemaak

150 g/5 oz/2/3 koppie gepoeierde suiker (superfyn).

4 eiers, geskei

100 g/4 oz/1 koppie gewone meel (alles)

10ml / 2 tl bakpoeier

'n Knippie sout

60 ml/4 eetlepels melk

5ml/1 tl vanieljegeursel (uittreksel)

2 oz/½ koppie/50 g pekanneute, fyn gekap

Vir die deegroom:

250 ml / 8 ons / 1 koppie melk

50 g/2 oz/¼ koppie strooisuiker (superfyn).

50 g/2 oz/½ koppie gewone meel (alles)

1 eier

'n Knippie sout

120 ml / 4 fl oz / ½ koppie dubbelroom (swaar)

Om koek te maak, klits botter of margarien met ½ koppie/4 onse/100 g suiker tot lig en donsig. Voeg die eiergele geleidelik by, voeg dan die meel, bakpoeier en sout by, afgewissel met die melk en vanieljegeursel. Gooi in twee gesmeerde en gevoerde koekpanne (vorms) van 23 cm deursnee en maak die oppervlak glad. Klits die eierwitte tot styf, roer dan die oorblywende suiker by en klits weer tot styf en glansend. Smeer oor koekmengsel en sprinkel neute oor. Bak in 'n voorverhitte oond van

150°C/300°F/termostaat 3 vir 45 minute totdat die meringue droog is. Plaas oor na 'n draadrak om af te koel.

Om die deegroom te maak, meng van die melk met die suiker en meel. Bring die res van die melk tot kookpunt in 'n kastrol, gooi die suikermengsel oor en klits tot gemeng. Gooi die melk terug in die uitgespoelde pan en bring tot kookpunt, terwyl aanhoudend geroer word, prut dan, terwyl jy roer, tot verdik. Verwyder van die hitte en roer die eier en sout by en laat effens afkoel. Klits die room tot styf en vou dit dan by die mengsel in. Laat afkoel. Smeer die koeke met die deegroom.

Macaron skywe met haselneute

Maak 20

175 g/6 onse/1½ koppie haselneute, uitgedop

3 eierwitte

225 g/8 oz/1 koppie gepoeierde suiker (superfyn).

5ml/1 tl vanieljegeursel (uittreksel)

5ml/1 tl gemaalde kaneel

5ml/1 teelepel gerasperde suurlemoenskil

rys papier

Kap 12 van die haselneute grof en meng dan die res tot fyngemaal. Klits eierwitte lig en donsig. Voeg die suiker geleidelik by en hou aan klits totdat die mengsel stywe punte vorm. Roer die haselneute, vanieljegeursel, kaneel en suurlemoenskil by. Plaas opgehoopte teelepels op 'n ryspapier-gevoerde bakplaat (koek) en druk plat in dun repies. Laat stol 1 uur. Bak in 'n voorverhitte oond van 180°C/350°F/termostaat 4 vir 12 minute tot ferm om aan te raak.

Meringue en okkerneut laag

Bak 'n 10 duim/25 cm koek

100 g/4 ons/½ koppie botter of margarien, saggemaak

400 g/14 ons/1¾ koppie gepoeierde suiker (superfyn).

3 eiergele

100 g/4 oz/1 koppie gewone meel (alles)

10ml / 2 tl bakpoeier

120 ml/½ koppie melk

100 g/4 oz/1 koppie okkerneute

4 eierwitte

8 fl oz / 1 koppie dubbelroom (swaar)

5ml/1 tl vanieljegeursel (uittreksel)

Kakaopoeier (onversoete sjokolade) om af te stof

Room botter of margarien en 3 oz/¾ koppie/75 g suiker saam tot lig en donsig. Voeg die eiergele bietjie vir bietjie by en voeg dan die meel en die bakpoeier by, afwisselend met die melk. Verdeel die beslag in twee gesmeerde en meelbestrooide 25 cm/10 koekpanne (vorms). Bêre 'n paar okkerneuthelftes vir versiering, kap die res fyn en sprinkel oor die koekies. Klits die eierwitte tot styf, voeg dan die oorblywende suiker by en klits weer tot dik en glansend. Smeer bo-op die koeke en bak in 'n voorverhitte oond van 180°C/350°F/termostaat 4 vir 25 minute, bedek die koek teen die einde van bak met bakpapier (gewas) as die meringue te veel begin verbruin. Laat afkoel in die vorms,

Klits die room en vanielje-uittreksel saam tot styf. Smeer die koeke meringuekant na bo met die helfte van die room en smeer die res bo-oor. Versier met die gereserveerde okkerneute en sprinkel gesifte kakao oor.

meringue berge

Maak 6

2 eierwitte

100 g/4 ons/½ koppie gepoeierde suiker (superfyn).

¼ pt/2/3 koppie/150 ml dubbel (swaar) room

12 onse/350 g aarbeie, in skywe gesny

25 g/1 ons/¼ koppie gewone (semi-soet) sjokolade, gerasper

Klits die eierwitte hard. Voeg die helfte van die suiker by en klits tot dik en glansend. Roer die oorblywende suiker by. Smeer ses meringuesirkels op perkamentpapier op 'n bakplaat. Bak in voorverhitte oond van 140°C/275°F/termostaat 1 vir 45 minute tot liggies goudbruin en bros. Die binnekant sal redelik sag bly. Haal uit pan en laat op 'n draadrak afkoel.

Klits die room tot styf. Spuit of gooi die helfte van die room oor die meringuesirkels, garneer met vrugte en versier dan met die res van die room. Sprinkel gerasperde sjokolade bo-oor.

Meringue met framboosroom

Vir 6 persone

2 eierwitte

100 g/4 ons/½ koppie gepoeierde suiker (superfyn).

¼ pt/2/3 koppie/150 ml dubbel (swaar) room

30 ml/2 eetlepels versiersuiker (deeg).

225 g/8 oz frambose

Klits die eierwitte in 'n skoon, vetvrye bak totdat dit sagte punte begin vorm. Voeg die helfte van die suiker by en hou aan klits totdat die mengsel stywe punte vorm. Roer die oorblywende suiker liggies by met 'n metaallepel. Voer 'n bakplaat uit met perkamentpapier en smeer klein swervels meringue op die bakplaat. Droog die meringues in die oond so laag as moontlik vir 2 uur. Verkoel op 'n draadrak.

Klits die room met die versiersuiker tot styf en roer dan die frambose by. Gebruik om pare meringues te stapel en plaas dit op 'n opdienbord.

Ratafia koekies

Maak 16

3 eierwitte

100 g/4 oz/1 koppie gemaalde amandels

225 g/8 oz/1 koppie gepoeierde suiker (superfyn).

Klits die eierwitte hard. Voeg die amandels en die helfte van die suiker by en klits weer tot styf. Roer die oorblywende suiker by. Plaas die klein rondte op 'n gesmeerde en gevoerde bakplaat en bak in 'n voorverhitte oond van 150°C/300°F/termostaat 2 vir 50 minute tot droog en bros om die rande.

Vacherin Karamel

Bak 'n 9"/23 cm-koek

4 eierwitte

225 g/8 onse/1 koppie soet bruinsuiker

50 g/2 oz/½ koppie haselneute, gekap

½ pt/1¼ koppies/300 ml dubbelroom (dik)

'n Paar heel haselneute om te garneer

Klits die eierwitte totdat dit sagte punte vorm. Roer suiker geleidelik by tot styf en glansend. Skep die meringue in 'n spuitsak met 'n standaard 1 cm-punt (spuitstuk) en smeer twee 23 cm-spirale meringue op 'n gesmeerde en gevoerde bakplaat (koek). Sprinkel 15 ml/1 e gekapte okkerneute oor en bak in 'n voorverhitte oond van 120°C/250°F/termostaat ½ vir 2 uur tot bros. Plaas oor na 'n draadrak om af te koel.

Klits die room tot styf en roer dan die oorblywende okkerneute by. Gebruik die meeste van die room om die meringue-basisse aanmekaar te sit, versier dan met die res van die room en garneer met die heel haselneute.

Eenvoudige skons

Maak 10

225 g/8 oz/2 koppies gewone meel (alles)

'n Knippie sout

2,5 ml/½ teelepel koeksoda (gispoeier)

5ml/1 tl kremetart

2 oz/50 g/¼ koppie botter of margarien, in blokkies gesny

30 ml/2 e melk

30ml/2 e water

Meng meel, sout, koeksoda en kremetart saam. Vryf botter of margarien in. Voeg melk en water stadig by tot 'n sagte deeg vorm. Knie vinnig op 'n meelbestrooide werkoppervlak tot jy 'n gladde deeg kry, smeer dit dan uit tot 1 cm/½ dik en sny dit in 5 cm/2 skywe met 'n koekiedrukker. Plaas die skons (koekies) op 'n gesmeerde bakplaat en bak in 'n voorverhitte oond van 230°C/450°F/termostaat 8 vir sowat 10 minute tot goed gepof en goudbruin.

Ryk eierbolletjies

Maak 12

2 oz/¼ koppie/50 g botter of margarien

225 g/8 oz/2 koppies selfrysende meel (self-rys)

10ml / 2 tl bakpoeier

25 g/1 ons/2 eetl strooisuiker (superfyn).

1 eier, liggies geklits

100 ml/3½ fl oz/6½ eetlepel melk

Vryf botter of margarien in meel en bakpoeier in. Roer die suiker by. Meng die eier en melk tot 'n sagte deeg vorm. Knie liggies op 'n meelbestrooide werkoppervlak, rol dan uit tot ongeveer ½/1 cm dik en sny in 2/5 cm-rondtes met 'n koekiedrukker. Rol die vulsel op en sny. Plaas die skons (koekies) op 'n gesmeerde bakplaat en bak in 'n voorverhitte oond van 230°C/450°F/termostaat 8 vir 10 minute of tot goudbruin.

appelbolletjies

Maak 12

225 g/8 onse/2 koppies volkoringmeel (volkoring).

20ml/1½ eetlepel bakpoeier

'n Knippie sout

2 oz/¼ koppie/50 g botter of margarien

30 ml/2 e gerasperde gekookte appel

1 eier, geklits

150 ml/¼ pt/2/3 koppie melk

Meng meel, bakpoeier en sout. Vryf die botter of margarien in en roer dan die appel by. Roer genoeg eier en melk geleidelik by om 'n sagte deeg te maak. Rol uit op 'n oppervlak wat liggies met meel bestrooi is tot ongeveer 5 cm/2 dik en sny met 'n koekiedrukker in sirkels. Plaas die skons (koekies) op 'n gesmeerde bakplaat en smeer met die oorblywende eier. Bak in 'n voorverhitte oond van 200°C/400°F/termostaat 6 vir 12 minute tot ligbruin.

appel- en klapperbolletjies

Maak 12

2 oz/¼ koppie/50 g botter of margarien

225 g/8 oz/2 koppies selfrysende meel (self-rys)

25 g/1 ons/2 eetl strooisuiker (superfyn).

30 ml/2 e uitgedroogde klapper (gerasper)

1 appel (nagereg), geskil, ontkern en gekap

¼ pt/2/3 koppie/150 ml gewone jogurt

30 ml/2 e melk

Vryf die botter of margarien by die meel in. Roer die suiker, klapper en appel by, meng dan die jogurt tot 'n sagte pasta, voeg 'n bietjie melk by indien nodig. Rol uit op 'n oppervlak wat liggies met meel bestrooi is tot ongeveer 1/2 cm dik en sny met 'n koekiedrukker in sirkels. Plaas die skons (koekies) op 'n gesmeerde bakplaat en bak in 'n voorverhitte oond van 220°C/425°F/termostaat 7 vir 10-15 minute tot goed gepof en goudbruin.

Appel- en dadelbolletjies

Maak 12

2 oz/¼ koppie/50 g botter of margarien

225 g/8 oz/2 koppies gewone meel (alles)

5 ml/1 teelepel gemengde geurmiddels (appeltert)

5ml/1 tl kremetart

2,5 ml/½ teelepel koeksoda (gispoeier)

25 g/1 ons/2 e soet bruinsuiker

1 klein gaar appel (tert), geskil, ontkern en gekap

2 oz / 1/3 koppie ontpitte dadels (ontpit), gekap

45 ml/3 eetlepels melk

Vryf botter of margarien in meel, speserymengsel, kremetart en koeksoda in. Roer die suiker, appel en dadels by, voeg dan die melk by en meng tot 'n sagte deeg. Knie liggies, rol dan uit op 'n meelbestrooide oppervlak tot 'n dikte van 2,5 cm/1 en sny skywe uit met 'n koekiedrukker. Plaas die skons (koekies) op 'n gesmeerde bakplaat en bak in 'n voorverhitte oond van 220°C/425°F/termostaat 7 vir 12 minute tot goudbruin.

Gars Scones

Maak 12

175 g/6 onse/1½ koppie garsmeel

50 g/2 oz/½ koppie gewone meel (alles)

'n Knippie sout

2,5 ml/½ teelepel koeksoda (gispoeier)

2,5 ml/½ teelepel kremetart

25 g/1 oz/2 e botter of margarien

25 g/1 ons/2 e soet bruinsuiker

100 ml/3½ fl oz/6½ eetlepel melk

Eiergeel om te glans

Meng meel, sout, koeksoda en kremetart saam. Vryf die botter of margarien in totdat die mengsel soos broodkrummels lyk, roer dan die suiker en genoeg melk by om 'n sagte deeg te maak. Rol uit op 'n oppervlak wat liggies met meel bestrooi is tot ¾/2 cm dik en sny met 'n koekiedrukker in sirkels. Plaas die skons (koekies) op 'n gesmeerde bakplaat (koek) en smeer met eiergeel. Bak in voorverhitte oond van 220°C/425°F/termostaat 7 vir 10 minute tot goudbruin.

Date Scones

Maak 12

225 g/8 onse/2 koppies volkoringmeel (volkoring).

2,5 ml/½ teelepel koeksoda (gispoeier)

2,5 ml/½ teelepel kremetart

2,5 ml/½ teelepel sout

40 g/1½ ons/3 e botter of margarien

15 ml/1 eetlepel strooisuiker (superfyn).

2/3 koppie/4 onse/100 g ontpitte dadels (ontpit), gekap

Sowat 100 ml/3½ fl oz/6½ eetlepel karringmelk

Kombineer meel, koeksoda, kremetart en sout. Vryf die botter of margarien in, roer dan die suiker en dadels by en maak 'n holte in die middel. Roer net genoeg karringmelk geleidelik by om 'n medium sagte deeg te maak. Smeer dit in 'n dik laag en sny dit in driehoeke. Plaas die skons (koekies) op 'n gesmeerde bakplaat en bak in 'n voorverhitte oond van 230°C/450°F/termostaat 8 vir 20 minute tot goudbruin.

Kruie Scones

Maak 8

175 g/6 onse/¾ koppie botter of margarien

225 g/8 oz/2 koppies sterk meel (brood)

15ml / 1 tl bakpoeier

'n Knippie sout

5ml/1 tl bruinsuiker

30 ml/2 e gemengde gedroogde kruie

60ml/4 e melk of water

Blaas melk droog

Vryf die botter of margarien by die meel, bakpoeier en sout in totdat die mengsel soos broodkrummels lyk. Roer suiker en kruie by. Voeg genoeg melk of water by om 'n sagte deeg te maak. Rol uit op 'n oppervlak wat liggies met meel bestrooi is tot ongeveer ¾/2 cm dik en sny in rondes met 'n koekiedrukker. Plaas die skons (koekies) op 'n gesmeerde bakplaat en smeer die bokante met melk. Bak in voorverhitte oond van 200°C/400°F/termostaat 6 vir 10 minute tot goed gepof en goudbruin.

CPSIA information can be obtained
at www.ICGtesting.com
Printed in the USA
LVHW022317310323
743149LV00015B/1523

9 781783 813254